Theresia Hauser

Mit Augen der Hoffnung

Theresia Hauser

Mit Augen der Hoffnung

DEINE KRAFT LIEGT IN DER ZUVERSICHT

Kösel

Das Gedicht von Hilde Domin auf Seite 6 dieses Buches
stammt aus: Hilde Domin, Sämtliche Gedichte. © S. Fischer
Verlag GmbH, Frankfurt am Main 1987

ISBN 3-466-36407-8
© by Kösel-Verlag GmbH & Co., München
Printed in Germany. Alle Rechte vorbehalten
Druck und Bindung: Kösel, Kempten
Umschlag: Kaselow Design, München
Umschlagmotiv: Mauritius/Superstock, Mittenwald
1 2 3 4 5 · 98 97 96 95 94

Gedruckt auf umweltfreundlich hergestelltem Werkdruckpapier
(säurefrei und chlorfrei gebleicht)

ICH WIDME DIESES BUCH
DER RING-FRAUEN-GEMEINSCHAFT IN DER
DIÖZESE ROTTENBURG-STUTTGART

Die Ring-Frauen-Gemeinschaft wurde als Religiöse Kern-
gemeinschaft junger Frauen im Jahre 1947 im BDKJ (Bund
der Deutschen Katholischen Jugend) der Diözese Rottenburg-Stuttgart von Monsignore Robert Steeb und der Ver-
fasserin gegründet. Die Mitglieder treffen sich noch heute
regelmäßig zwei- bis dreimal im Jahr.

ICH SETZTE DEN FUSS IN DIE LUFT,
UND SIE TRUG.

HILDE DOMIN

Inhalt

6
Hoffnung aus Gottes Wort
HOFFNUNGSGESCHICHTEN
DER BIBEL (1)

7

Im Glauben werden damalige Erfahrungen zu heutigen

HOFFNUNGSGESCHICHTEN
DER BIBEL (2)

8

Miteinander hoffen – miteinander glauben

9
Wenn wir beten, verdichtet sich unsere Hoffnung

10
Mit Hoffnungsworten leben

Vorwort

Die Hoffnung ist keine abstrakte Tugend. Sie ist eine Kraft des Denkens, Fühlens und Handelns, die uns dazu drängt, es nicht einfach beim Alten und Gewohnten zu belassen, sondern im Interesse des Lebens auch dem Neuen Raum zu geben. Die Hoffnung ist die Dynamik des Lebens, das sich entfalten und verwirklichen will. Die Hoffnung ist der geistige Atem, der uns am Leben hält.

Allerdings müssen wir auch täglich darum kämpfen, daß unsere Hoffnung am Leben bleibt. Angesichts des Elends, des Hungers, der Kriege, von denen wir jeden Tag hören, kann unsere Hoffnung auf eine menschenwürdige Zukunft für alle manches Mal zu einem Aschenhaufen zusammenfallen. Oft ist es uns unmöglich, hinter all dem Geschehen einen Plan zu entdecken, der uns den Sinn des Ganzen erschließen könnte. Unsere Hoffnungsfähigkeit ist daher häufig bedroht.

Das Buch will zeigen, daß Hoffnung mit dem Kleinen und Unscheinbaren zu tun hat; daß sie dort wirkt, wo man nichts oder noch nichts sieht. Hoffnung vollzieht sich, indem wir in das Noch-nicht-Sehen, in das Noch-nicht-haben-Können, in die scheinbare Aussichtslosigkeit unsere Kraft, unsere Zeit, uns selbst investieren. Darum heißt hoffen immer auch, sich riskieren und etwas wagen. Dabei geht es meist nicht um Welt-Bewegendes. Es geht um das täglich notwendige Handeln, durch das sich unser Leben verwirklicht.

Mit Augen der Hoffnung schauen wir deshalb in diesem

Buch auf unsere lebenswichtigen Beziehungen, auf unsere Lebenspotentiale wie auch auf unsere Ängste; wir schauen auf unsere Kraft zu vertrauen und auf die Treue als Lebenshoffnung. Wir schauen mit Augen der Hoffnung auf mißlungene und enttäuschte Hoffnungen, auf unsere Gottesenttäuschungen, auf die gekreuzigte und auferstandene Hoffnung in Jesus Christus. Ebenso geht es um die »stets aktualisierbare und unerschöpfliche Quelle« der Hoffnung in den Hoffnungsgeschichten der Bibel. In ihnen entdecken wir unter anderem, daß die Hoffnung aus dem Glauben kommt; und umgekehrt bewegt und stärkt die Hoffnung den Glauben.

In allen Kapiteln finden wir Anregungen für eine zwar bescheidene, aber unverzichtbare Hoffnungsarbeit. Deshalb unverzichtbar, weil sie unsere Hoffnung am Leben hält, uns vor Resignation bewahrt. In unserer Zeit, in der wir erkennen, wie gefährdet wir leben, wie bedroht die Welt ist, sind wir geradezu verpflichtet, unsere Hoffnungsfähigkeit zu erhalten. Mit ihr bleiben wir am Leben. Durch sie hat die Welt Zukunft, weil sie uns kreativ macht, Lösungen für unsere Probleme zu finden. Ohne sie würden wir resignieren, stagnieren.

Die großen Hoffnungen der Menschheit – »Frieden, Gerechtigkeit und Bewahrung der Schöpfung« – lassen sich nur verwirklichen, wenn jeder einzelne Mensch mit seinen Kräften und an seinem Platz diesen Hoffnungen in seinem alltäglichen Leben eine Chance gibt. Eine Spiritualität der Hoffnung kann nicht von »Oben« verordnet werden. Sie kann nur durch eine »Graswurzelarbeit« aller gesucht und gefunden werden. Sie kann dann den Boden bereiten für eine neue Wahrnehmung zur Veränderung persönlicher, gesellschaftlicher und auch kirchlicher Strukturen. Darum konzentriert sich das Buch auf die vielen, oft fast unscheinbaren Möglichkeiten für eine unerläßliche Hoffnungsarbeit

14

des einzelnen, zu der unsere Zeitsituation dringlichen Anlaß gibt. Schließlich sind wir alle – nicht nur die Politiker oder Menschen in Kirchenämtern und in wichtigen Entscheidungsgremien – für unsere und unserer Kinder Zukunft verantwortlich. Daher sind wir alle verpflichtet, unsere kleinen und großen Hoffnungen auch zu leben.

Für das Lesen des Manuskripts, für Gespräch und Ermutigung danke ich Robert Steeb, Isabell Hauser-Schöner, Anneliese Starke, Adelinde Heidler, meinem Lektor Winfried Nonhoff. Ich danke ferner allen TeilnehmerInnen von Kursen, Exerzitien und Tagungen, mit denen ich über Themen des vorliegenden Buches gearbeitet habe.

Theresia Hauser

1

Ich hoffe, darum lebe ich

NIMM DIE HOFFNUNG WEG,
SO KOMMT DIE ATEMNOT ÜBER DEN MENSCHEN,
DIE VERZWEIFLUNG HEISST.

EMIL BRUNNER

Hoffnung – Atem des Lebens

Wir können die Hoffnung mit unserem Atem vergleichen. Ohne daß uns jederzeit bewußt ist, daß wir atmen, atmen wir. Ein Atemzug folgt dem andern. Je tiefer wir ausatmen, alle Atemreste im Ausatmen hergeben, um so eher bekommen wir die Sauerstoffmenge, die wir brauchen. Wird das Atmen einmal beschwerlich oder bedroht durch beißenden Rauch, durch Gas, Smog, eisige Kälte, übermäßige Hitze, dumpfe Luft, oder kommen wir gar dem Ersticken nahe, etwa durch starken Husten, merken wir, daß der Atem die Kraft ist, von der wir von Augenblick zu Augenblick leben. Hören wir auf zu atmen, hören wir auf zu leben. Der Atem gehört zu unserer menschlichen Ausstattung, zu unserem Existieren-Können. Wenn wir unseren Atem auf seinem Weg zu den Zellen unseres Leibes bewußt begleiten, spüren wir unser Lebendigsein. Wärme durchströmt uns und die Kraft des Lebens.

Im Rhythmus von Bekommen und Hergeben

Dennoch: Wir können unseren Atem nicht besitzen wie man ein Haus besitzt oder einen kostbaren Gegenstand, den man in einen Safe einschließt. Mit dem Atem ist es ganz anders. Wir bekommen ihn Zug um Zug geschenkt, so wie wir ihn – einen nach dem andern – immer neu hergeben müssen. Im Rhythmus von Bekommen und Hergeben, von Ein- und Ausatmen existieren wir. Würden wir nur einatmen, den Atem behalten wollen, bliebe jede Lebensregung stehen. Wir müßten ersticken, willigten wir nicht ein in das Loslassen im Ausatmen. Es ist wie in der Musik. Ein Ton verklingt, hört auf, stirbt, damit ein anderer sein kann, ein neuer Ton hörbar wird.

Die Kontinuität dieses Geschehens schenkt uns das Musik-erlebnis. Die Kontinuität des Atmens ermöglicht uns das Leben.

Weder den Atem noch das Leben haben wir uns selbst gegeben. Wir sind nicht aus uns, haben uns nicht selbst-mächtig ins Leben gerufen. Der Atem, das Leben wird uns gewährt. Unmittelbar vor Augen haben wir diese Wahrheit, wenn plötzlich jemand von einer Krankheit angefallen wird, mitten aus dem Leben heraus verunglückt oder stirbt. Oft wird uns erst in solchen Situationen voll bewußt, daß das Leben selbst bare Gewährung, pure Gnade, kostbarstes Ge-schenk ist. Wir gäben alles, könnten wir einen lieben Menschen wieder lebendig machen.

Wir sind nicht aus uns

Diese geschöpfliche Abhängigkeit macht unsere existentielle Armut aus. »Nackt kam ich aus meiner Mutter Schoß heraus; nackt werde ich dahingehen« (Hiob, 1,21). Wir sind nicht nur tüchtig, gescheit, erfinderisch, stark, in unserem Sinne auch mächtig. Wir sind auch ohnmächtig, schwach, arm, sterblich. Weil wir auch wesen-haft Mangel sind, Mangel-wesen also, deshalb hoffen wir. Wir hoffen nicht nur, es möge gelingen, was wir unternehmen und machen. Noch mehr hoffen wir, daß uns gegeben, geschenkt wird, was sich unserer Mächtigkeit entzieht: Vertrauen, Liebe, Treue, Ver-gebung. Schon die schlichte Zuneigung eines anderen kön-nen wir nicht erzwingen. Selbst das Wetter können wir nicht machen, Naturkatastrophen nicht oder nur bedingt verhindern. Gleichzeitig müssen und dürfen wir staunen über *u. erschrecken* die Werke unserer Hirne und Hände, über die schöpferische Intelligenz, mit der wir die Welt und die Geschichte gestaltet haben und gestalten.

Wie die lebentragende Funktion des Atmens von uns meist unbeachtet bleibt, so ist es auch mit der Hoffnung. Indem wir atmen und indem wir hoffen, leben wir »unbewußt« unser Ur- und Grundvertrauen ins Leben. Der Atem und die Hoffnung ermöglichen uns, daß wir leben. Ob wir wachen oder schlafen, ob wir in kreativer Hingabe und Selbstvergessenheit bei unserer Arbeit sind, ob wir meditieren oder uns in engagierter Kommunikation mit andern befinden und uns öffnen für den Reichtum des Lebens, bei allem trauen wir dem Leben, gehören wir dem Leben. So wie der Atem, so zielt auch die Hoffnung immer auf Leben. Beide beleben den ganzen Menschen. »Nimm die Hoffnung weg, so kommt die Atemnot über den Menschen, die Verzweiflung heißt«, sagt der Theologe Emil Brunner.

Hoffen – das ist Mut zum Handeln

Setzlinge der Hoffnung

Nach jahrelangem Briefkontakt besuchte mich neulich ein peruanischer Seelsorger. Er erzählte von seiner Arbeit unter den Armen, beschrieb die Lebensverhältnisse in seinem Land, das Elend, den Hunger unter der Bevölkerung. Auf meine Frage, wie es ihm selbst ergehe in dieser fast aussichtslosen Lage, sagte er, wenn er aufgeben wolle, kämen ihm die Bauern in den Sinn, bei denen er gearbeitet habe. Sie leben, arbeiten, darben in über viertausend Meter Höhe in den Anden. »Ich sah«, erzählte er, »wie sie zu jeder Pflanzzeit eine Pflanze nach der andern in die Erde steckten, Setzling für Setzling.« Dabei machte er die Geste des Pflanzens nach und sagte: Darin liegt ihre Hoffnung. Denn die Leute wissen nicht, ob sie auf ihrem kargen Boden ernten werden. Es gibt dort alles, was die Ernte von vorneherein gefährdet; Hagel, Unwetter, Kälte, Überschwemmung, Dürre ... Alles. Aber die Bauern pflanzen, Setzling für Setzling. Daran denke ich, wenn ich anfangen will, meine Arbeit als hoffnungslos einzuschätzen.

Dabei kamen mir die Worte von Bischof Romero aus Salvador in den Sinn. Er sagte einmal, von der sogenannten Dritten Welt gehe deshalb ein Strom von Hoffnung in die Menschheit, weil die Armen ein ungesichertes Leben haben. Sie, die Armen sind es, die das Leben erhoffen, dieses »Minimum, das die größte Gabe Gottes ist«.

Die offene Tür

Die Hoffnung ist die offene Tür unseres Lebens. Sie gibt unserem Augenblick Weite und Tiefe und den Blick darüber hinaus. Sie bewirkt, daß wir unser Leben entwerfen in eine Zeit hinein, die wir noch gar nicht kennen. Sie läßt uns planen und Ziele setzen und wäre es nur für den heutigen Tag. Da wir unsere Zeit und damit unsere Zukunft genausowenig besitzen können wie unseren Atem, da uns die Zeit gegeben ist und gegeben wird, da sie kommt und geht, da ist und zerrinnt, brauchen wir Mut und Initiative, in der uns jeweils geschenkten Zeit zu leben und zu handeln. Was wir vom morgigen Tag erwarten, müssen wir heute vorbereitend beginnen. Zwar können wir dem Leben das Überraschende, das ihm eigen ist, nicht nehmen. Denn im Interesse des Lebens werden wir uns jeweils dem jetzt Notwendigen und Wichtigen, auch dem Neuen und Unbekannten zuwenden und nicht einfach am Alten und Gewohnten festhalten. Es ist die Zuversicht, daß unser Tun glücken wird, die uns handeln läßt. Auch dann, wenn uns manche Widrigkeiten den Weg verbauen, wenn Schwierigkeiten oder gar Gefahren zu überwinden sind. Die Hoffnung treibt uns zum Tun.

Wir leben immer auf etwas zu

Wir sind Lernende

Unser Leben ist nie abgeschlossen. Trotz allem, was wir schon geworden sind, bleibt offen, wer wir am Ende unseres Lebens sein werden. Von daher sind wir als Hoffende auch Lernende. Wir brauchen dabei nicht nur an unsere Kindheit zu denken, in der das Lernen auf der Tagesordnung stand. Längst bevor es in der Schule um das Lernen von Lesen und Schreiben geht, muß ein Kind lernen, wie man den Löffel hält, die Schuhe bindet, mit Aufmerksamkeit und Vorsicht die Straße überquert und was es mit sich bringt, wenn man das nicht tut. Jedes Lebensalter fordert von uns etwas anderes, das es zu lernen und zu leben gilt. Denken wir nur an die nie aufhörende und anstrengende Beziehungsarbeit in einer Partnerschaft oder an unsere Berufsarbeit, die gerade heute häufiges Neu- und Umlernen fordert. Gesellschaftliche Veränderungen verlangen neue Einstellungen und Verhaltensweisen.

Selbst das Alter, noch das hohe Alter, erfordert Lernen. Unausbleibliche Einschränkungen müssen angenommen werden. Wenn die Vitalität abnimmt, die Beweglichkeit nachläßt, die Gesundheit instabil wird, wird zu lernen sein, das Leben auch dann noch für lebenswert zu halten, es zu schätzen und nach wie vor zu lieben. Schließlich werden wir in der allerletzten Lebensphase das Sterben lernen müssen, das letzte Loslassen unseres Lebensatems. Das Überschreiten der Todesschwelle führt uns in eine letzte offene Lebenszukunft.

Auf-etwas-hin-Sein

Alle diese Lebensprozesse betreffen uns existentiell. Unmittelbar lassen sie uns das Offene, das Noch-nicht-Vollendete unseres Menschseins erfahren. Insofern liegt es nahe, daß wir unser Leben auf dieser Erde als »adventlich« begreifen, als Auf-etwas-hin- Sein. Deshalb erleben wir Hoffnung nicht nur als Tätigsein, sondern auch als Erwarten, als Lauschen, Fragen, Forschen, Hören, als Ausschauen und Ausgerichtetsein auf Kommendes. Wir leben hoffend auch in unserer Aufmerksamkeit für die Gegenwart, für das Jetzt, in dem ankommt, was das Leben für uns bereit hält. Ebenso kennen wir die Hoffnung als einfache und dankbare Freude am Dasein, als Unbeschwertheit, als Hochgestimmtheit. In solchen Hoch-Zeiten schwimmen wir – wie die Fische im Wasser – in unserem Hoffnung-*Sein*. Beglückt begreifen und feiern wir unser Leben als Geschenk.

Ängste vor der Zukunft gefährden unser Hoffen

Neugier und Ungewißheit

Die Zukunft liegt offen und unbestimmt vor uns. Sie weckt daher unsere Lust auf Neues, sie mobilisiert unsere Neugier, sie regt unsere Phantasie an, verschiedenste Möglichkeiten durchzuspielen. Auf diese Weise gehen wir bewußter auf unsere kommende Zeit zu, vorbereiteter auf absehbare Ereignisse, auf schon festgelegte Termine. Doch können wir nie alles voraussehen, was und wie etwas werden wird. Vieles oder gar das meiste bleibt unvorhersehbar, bleibt ungewiß und ungesichert. Dieses Ungewisse löst Ängste aus: Niemals können wir alle Bedingungen, unter denen wir weiterleben werden, einschätzen, festlegen oder absichern. Konsequenzen unserer Entscheidungen, die immer zukunftsgerichtet sind, können zwar erwogen, ins Auge gefaßt werden. Gewißheit bekommen wir aber erst im Geschehen selbst. Erst dort begegnet uns die Realität. In der Begegnung mit ihr und in der Herausforderung durch sie, sind wir gehalten, kreativ und verantwortungsvoll zu handeln. Erst in der meist komplexen Situation erkennen wir unsere realen Möglichkeiten wie auch unsere Grenzen. Wir sehen, ob wir einer Sache gewachsen sind oder (noch) nicht, ob wir gar versagen oder scheitern werden.

Dieser Ungewißheit wegen fühlen sich manche Menschen so blockiert, daß ihre Handlungsfähigkeit eingeschränkt und gehemmt ist oder in manchen Situationen gar nicht zum Tragen kommt. In ihren akuten Ängsten können Kindheitsträumen, Enttäuschungen, erlebte Sanktionen oder früheres Versagen eine Rolle spielen. Unsere gemeinsame geschichtliche Vergangenheit, Krieg, Notzeiten, Flucht, Diktatur, aber auch heutige Bedrohungen, etwa durch Massenvernichtungswaffen, Umweltkatastrophen, Bevölkerungsexplosion, Verarmung und Verelendung in riesigen geographischen Bereichen können den einzelnen lähmen, zukunftsorientiert und vertrauend zu leben. »Im Mark der Menschheit schleicht lautlos die Schwindsucht der Hoffnung«, las ich neulich.

Die Schwächung der Hoffnung bewirkt in manchen Menschen, daß sie keine Zukunft vor sich sehen. Dann werden Lebensentwürfe, das Charakteristische gerade für junge Menschen, unterlassen. Man lebt so dahin, überläßt mehr oder weniger alles dem Zufall, läßt sich von den täglichen Ereignissen treiben. So gehen manche unter im Heute. Sie gehen unter, weil sie keine Perspektive haben, keinen Arbeitsplatz, keine Wohnung, weil sie keinen Sinn entdecken in ihrer jetzigen Lage. »Kaum mehr zu verstecken die Süchtigen, die Depressiven ...«, sagt eine Zeitschrift.

Andere können persönliche Bindungen nur mit innerem Vorbehalt eingehen, da sie in ihrer Kindheit, ihrer unmittelbaren Lebenswelt das Zerbrechen von für sie wichtigen Beziehungen erlebten. Diese schon in jungen Jahren bedrohte oder gar zerbrochene Hoffnung kann vielleicht geheilt werden im Schutz einer uneigennützigen, Zuneigung schenkenden und stabilen Beziehung. Wer eine solche Beziehung aufbauen will, muß trotzdem Rückschläge und Brüche in Kauf nehmen, diese als zum Leben gehörend bewerten und nicht in Katastrophenstimmung geraten, wenn sie eintreffen. Es ist wie in der Heilungsphase einer schweren Krankheit. In ihr gibt es immer ein Auf und Ab.

Weg einer Hoffnung

Nur wer dies bejaht, kann handeln wie eine Frau, die ich kenne. Selbst in einer Trauerphase steckend, besuchte sie junge Menschen in einem Gefängnis. Dabei traf sie auf einen Drogenabhängigen, dem sie ihre ganze Aufmerksamkeit schenkte. Regelmäßige Besuche, anstrengende und kräfteraubende Gespräche, regelrechte geistige Kämpfe gegen die Resignation und das Sich-Aufgeben folgten über eine lange Zeit. Dabei sank die Hoffnung auf Veränderung des jungen Mannes in der Frau selbst manchmal auf den Nullpunkt. Eines Tages jedoch hatten sie es geschafft. Er wurde entlassen. Die Frau nahm ihn in ihren Haushalt auf. Sie suchten und bekamen Arbeit für ihn. Er aber stürzte wieder ab in das alte Leben. Wieder Gefängnis über Monate. Wieder Besuche, wieder Gespräche, wieder den Aufstand der Hoffnung gegen die eingetretene Situation. Wieder den Glauben und das Vertrauen in mögliche Änderung. Wieder Entlassung. Es bleibt offen, ob die fürsorgende Begleitung der Frau den jungen Mann in eine stabile Lebenshaltung wird bringen können.

Wenn wir uns Schritt für Schritt auf einen Weg einlassen, machen wir Erfahrung mit unserer Hoffnung. Wir werden das Vertrauen auf unsere eigene Kraft wachsen spüren, das unser Selbstwertgefühl und Selbstvertrauen aufbaut. Sie sind die unentbehrlichen Pfeiler unseres Handelns.

Verlust von Hoffnung

Nicht nur junge Menschen sind in Gefahr, vor ihrer Zukunft zu resignieren. Alte Menschen neigen ebenso dazu. Die einen, weil sie meinen, die Welt werde immer schlechter, sie berge nichts Gutes mehr in sich; die Jugend werde immer verdorbener … Wenn alte Menschen aber keine Hoffnung mehr für sich und für die Jugend haben, können sie kaum mehr deren Gesprächspartner sein. Viele gehören nicht zu jenen alten Menschen, von denen der Prophet Joel schreibt: »Eure Alten werden Träume haben« (3,1-2), Träume im Sinn von Hoffnung auf eine lebenswerte Zukunft. Sie können ihre Seele nicht mehr mit Visionen füllen, die sie mit den Jungen zusammen in eine gute Zukunft für sich, für die Welt und für die Menschheit hinschauen lassen. Ihre Resignation wirkt sich auf sie selbst und ihre Umgebung oft als Lebensüberdruß aus. Eine Atmosphäre, in der weder Angehörige noch andere Menschen eine anziehende, überzeugende und ermutigende Lebenseinstellung wahrnehmen können. Kaum, daß etwas spürbar wird von der Dankbarkeit, zu leben und gelebt haben zu dürfen; kaum eine Hoffnung, die über dieses Leben hinausträgt.

Vielleicht ist der Lebensmut dieser Menschen so kümmerlich geworden, ihre Lebenshoffnung zum Erlöschen gekommen, weil in ihrem Alltag ihre nächstliegenden und nach Zuwendung verlangenden Hoffnungen nicht oder nicht genügend beachtet, vielleicht sogar entwertet und mißachtet werden. Möglicherweise interessiert sich wirklich niemand für ihre Lebenserfahrung, ihre Geschichten will niemand hören. Man hat keine Zeit für Menschen, die nicht mehr »nutzbringend« – vielleicht auch schwierig – geworden sind. Werden alte Menschen so an den Rand des Lebens gedrängt, müssen sie sich als übrig gewordene Existenzen erleben, kann die Hoffnung leicht auf die kleinste Flamme herunterbrennen. Verständlich, daß man so die Welt als schlecht erlebt, wenn einem Gleichgültigkeit, gar Kälte umgibt.

Die Hoffnung vieler Menschen stirbt an fehlender Aufmerksamkeit, mitfühlender Wärme, an begleitender Fürsorge. Sie werden durch die heute sehr verbreitete Lebenshaltung des Habens aufgezehrt. Die Hoffnung auf Leben bis zuletzt wird daher in vielen brutal frustriert. Man fühlt die Kälte unter die Haut kriechen, die sich in manche Beziehungen oder Pflegesituationen eingeschlichen hat. – Gleichzeitig wachsen die Bemühungen für das »Leben bis zuletzt« zum Beispiel durch die sich mehrenden Hospizbewegungen. Sie schenken neben liebender Zuwendung an unheilbar Kranke und Sterbende uns allen Hoffnung auf ein geachtetes und menschwürdiges Leben: »bis zuletzt«.

Wir schöpfen Zuversicht aus unserer Erfahrung

Entdecken – wir wurden geführt

Wenn wir zurückschauen auf unser Leben, können wir eine
Führung entdecken. Aus sogenannten Zufällen fügte sich ein
Mosaiksteinchen an das andere. Wir staunen, wie aus manchen Brüchen, Verwicklungen, manchem Wirrwarr, aus
Fehlentscheidungen, Irrungen dennoch ein Leben wachsen
konnte, für das wir letztendlich dankbar sind. Wir erkennen
in der Rückschau unseren individuellen Weg, unsere ganz
persönliche Geschichte, unser eigenes Lebensbild, unsere
Lebensgestalt. Im Bedenken der vielen Ereignisse und Be-
gebenheiten finden wir – oft erst im nachhinein – unseren
eigenen und eigentlichen Lebenssinn. Mag er in der Vergangenheit oft verborgen, häufig unerkannt geblieben sein:
In Stunden, in denen wir offen sind in der Dankbarkeit für
unser Leben, können wir ihn dann erkennen und anerkennen.
Das sind die Stunden, in denen wir unser Leben annehmen
können, nicht nur wie es jetzt gerade ist, sondern auch, wie
es über die Jahre hin geworden ist.

Nicht nur Umsonsterfahrungen

Wir können sehen und damit einverstanden sein, daß es,
wie in jedes Menschen Leben, so auch im eigenen, Höhen
und Tiefen gibt, gute und andere Tage, helle und dunkle
Zeiten, Leichtes und Schweres, Leid und Freude. Es gibt
nicht nur die durchkreuzten Pläne, nicht nur die Umsonsterfahrungen. Zu unserer Überraschung entdecken wir, daß
es gerade manche der durchkreuzten Pläne waren, die
Umwege oder die Irrwege, die unser Leben in die Bahnen

lenkten, für die wir heute dankbar sein können. Vielleicht haben wir gerade durch Irritationen, durch Leiderfahrungen, durch harte Schicksalsschläge die tiefsten Lebenseinsichten gewonnen. Das Leben hat uns dadurch stark und reifer gemacht. Es hat uns freier, bescheidener, dankbarer und wahrhaftiger werden lassen. Außer diesem Gewinn, wenn auch aus Schmerz und Enttäuschung gewachsen, können wir aber auch auf vieles blicken, was uns über unsere Erwartungen hinaus gegeben wurde.

Solche Einsichten und Erfahrungen machen es uns möglich, der Zukunft zu trauen, ihr mit Hoffnung entgegenzusehen.

Die Hoffnung ist nie am Ende

Hoffnung im Scheitern von Lebensplänen

Selbst dann, so lehrt uns die Erfahrung, wenn wir am Ende sind, uns am Ende glauben, können wir oft gerade deswegen einen neuen Anfang finden. Ein Mann im mittleren Lebensalter erzählt von seiner beruflichen Katastrophe. Plötzlich wurde er aus seiner Karriere herausgerissen. Bisher war er eingebettet in eine erfolgreiche Arbeitsgemeinschaft, erlebte Wohlergehen und Sicherheit für sich und seine Familie. Nun stand er vor dem Nichts. Nach dem ersten Schock und einer verzweifelten inneren Lähmung erwachten neue Kräfte in ihm. Er erkannte, daß er sich nicht wie bisher auf nur einem seiner Talente ausruhen sollte, sondern mit allen wuchern müsse. Er sollte nicht nur gelebt werden von fremden Ideen und Vorgaben, sondern sein Leben selbst in die Hand nehmen. Er fing an, sich eine andere, neue Existenz aufzubauen.

Der Holzbetrieb meines Vaters wurde in einer Nacht durch eine Feuersbrunst total zerstört. Das war in der Rezessionszeit der Dreißigerjahre. Da kaum mit Gewinn gearbeitet werden konnte, hatte man einige Zeit vor dem Brand die Feuerversicherung auf den geringst möglichen Beitrag heruntergesetzt. Der Brand führte zur Katastrophe. Mein Vater war scheinbar am Ende. Aber ein in der Familie oft gesagtes Wort trug uns alle zu einem, wenn auch schwierigen, neuen Anfang: »Mit Gottvertrauen werden wir es schaffen.« Mit diesem Wort wurden alle Energien mobilisiert, die die Hoffnung, es werde trotzdem weitergehen, aufrecht erhielt.

Manche Menschen sehen ihre Anstrengungen auf andere Weise scheitern. Was sie sich im Beruf oder auch in Beziehungen aufgebaut haben, wird oft gerade in den leistungsstarken Jahren des Lebens durch schwere Krankheit in Frage gestellt. Oft braucht es einen langen Lernprozeß, um zu sehen, daß eine Veränderung der Lebenseinstellung und des Lebensstils vonnöten ist. Es ist schwer, seine Grenzen zu erkennen, sie zu akzeptieren, von seinen Allmachtsphantasien und Träumen zu lassen, anderen den ihnen gemäßen Raum zu geben, ihr Anderssein, ihr Sosein zu akzeptieren. Davon wird an anderer Stelle noch zu reden sein. Wenn Lebenspläne, wenn Beziehungen scheitern, bleibt immer noch ein Rest von Hoffnung. Hoffnung auf einen neuen Anfang, Hoffnung auf Veränderung der Situation. Hoffnung auf Veränderung seiner selbst. Durch die uns verbliebene Hoffnung sind wir angehalten, in uns zu gehen, unsere Motive zu überprüfen, unser Leben noch von einer anderen Seite als der bisherigen anzuschauen. Manche Grenzerfahrung läßt uns außerdem erstmals unserer letzten Grenze, unserer Sterblichkeit inne werden. Gerade dadurch können wir zu einer tieferen Schicht unseres Hoffens, zu unserem Hoffnung-Sein vorstoßen. Auch fanden viele Menschen mitten im Scheitern zu einer »Hoffnung gegen alle Hoffnung«. Sie konnten mit dem »Mut der Verzweiflung« durchhalten und zu einem neuen Anfang kommen.

Hoffnung im Sterben

Aus der Sterbeforschung wissen wir, daß selbst unheilbar Kranke, die um ihr Schicksal wissen, auch Sterbende, nie ohne Hoffnung sind. Ihre Hoffnung hat aber andere Inhalte. Es ist vielleicht die Erwartung, jemand möge sie besuchen, man möge ihre Schmerzen erleichtern, sie nochmals in den Garten, auf den Balkon oder zum Fenster bringen oder sie auch nur anders betten. In diesen kleinen Hoffnungen zeigt sich die große Hoffnung des Menschen, »daß der Tod nicht ängstigende Leere und das endgültige Aus des Lebens ist (…). Die Hoffnung als die letzte Tat des Menschen bricht erst dort auf, wo alles andere Planen und Erwarten an sein Ende kommt (…). Der Weg der Hoffnung beginnt damit, daß im sterbenden Menschen eine Bewegung erwacht, die seine eigene Zeiterfahrung verändert. In ihr bahnt sich ein Wandel an, der zugleich Abschied von allem eigenmächtigen und selbstverfügten Tun des Menschen – und Übergang zum ruhigen gelassenen Sein ist, das sich in der Macht Gottes geborgen weiß (…). Die Hoffnung erscheint so als ein ›Durchbruch durch die Zeit‹, während der Verzweiflung das Bewußtsein der ›geschlossenen Zeit‹ zugrunde liegt, das die eigene Zeit als Gefängnis erlebt.« (Eberhard Schockenhoff)
Solange wir leben hört die Hoffnung nie auf. Doch wandelt sie sich. Selbst noch im Sterben, wie wir gesehen haben. Nicht mehr die Hoffnung auf Gesundwerden bestimmt den Sterbenden. Sterbende haben andere Hoffnungen. Sie hoffen, einen Menschen bei sich zu haben, der an allem teilnimmt, was sie betrifft, was sie trifft und treffen wird. Es ist die

Hoffnung auf eine Beziehung, in die der Sterbende sein letztes menschliches Vertrauen investieren kann. Dieses letzte Lebensgeschenk einer teilnehmenden Begleitung im Sterben, das Nicht-Verlassensein, ermöglicht ein angstfreies Sterben. Es kann den Sterbenden bereiter machen, mit dem Unabänderlichen einverstanden zu sein, hinzureifen zu einem Sterben im Willen Gottes, zu einem letzten äußersten Vertrauen ihm gegenüber. – Vielleicht müssen wir im Sterben so absolut unsere existentielle Armut und Abhängigkeit erleben, um endlich fähig zu werden, von uns selbst, unserem Ego, ganz und gar zu lassen, und uns dem neuen Leben, das Gott in Fülle schenken will, vorbehaltlos öffnen zu können (nach Pierre de Locht). Dann wird das Sterben und der Tod »Durchbruch zum Leben«, zum endgültigen Sein.

»Auf mich kommt etwas ganz Schönes zu ...«

Ein Priester mußte eine junge Frau beerdigen, die acht Jahre lang krebskrank war. Er hatte sie nicht gekannt. Deshalb las er in seiner Beerdigungsansprache den Brief vor, den ihm die Krankenschwester der Toten zugeschickt hatte. Darin schreibt sie: »Ich stehe noch unter dem Eindruck ihres Lebens und Sterbens. Vor acht Jahren begann ihre unheilbare Krankheit ... Die ganzen Jahre waren geprägt von Schmerz, Leid und Angst. Immer wieder hatte sie auch Hoffnung auf Besserung und freute sich über jeden neuen Tag. Trotz aller Not ihres Herzens blieb sie gütig und froh. Wir konnten bei den unzähligen Behandlungen und Untersuchungen nur staunen über so einen Menschen. Seit Januar lag sie nun stationär bei uns. Von Tag zu Tag wurde sie elender und schwächer. Wir alle bangten im Blick auf die letzte Stunde. Doch alle Befürchtungen wurden gegenstandslos. Offen, sogar mit Freude, sprach sie vom Sterben. Sie fühlte sich leicht; sie sei neugierig, sagte sie. Sie tröstete alle, grüßte ihre Angehörigen, verzieh allen ausdrücklich und bat ihrerseits um Verzeihung und Versöhnung. Sie sagte: Habt keine Angst vor dem Tod, ich habe es mir schlimmer vorgestellt … Ich empfand ihr Sterben fast wie ein Fest für sie. Wir waren und sind alle tief ergriffen über diesen Heimgang. Meine Worte kommen mir leer vor … Ich kann nicht die Tiefe weitergeben von dem, was uns durch dieses Sterben geschenkt wurde … Im Tod ist Leben. Dieses Wort ging mir an ihrer Haltung und ihrem Tun in den letzten Stunden ihres Lebens neu auf …«

Eine fast Sechsundneunzigjährige, die sich nie als eine Gläubige verstanden hatte, sagte an einem Morgen kurz vor ihrem Tod: »Auf mich kommt etwas ganz Schönes zu. Ich weiß nur noch nicht, was es ist.« Die Hoffnung tat ihr eine Tür auf in eine Zukunft hinein, die ihr Leben versprach. Lichtvolles, trostvolles Leben.

»Vom ersten Glanz berührt«

Menschen, die Sterbende begleiten, sind von diesem Geschehen nicht nur sehr beeindruckt. Sie kommen sich auch beschenkt vor. Beim Sterbenden lasse sich eine starke Gegenwart wahrnehmen, auch eine Offenheit, in der der Mensch endgültig ganz zu sich selbst komme; er verberge sich nicht mehr. Manche würden Einsichten äußern, die man vorher nie von ihnen gehört habe. Jeder Mensch sterbe anders. Aber mancher Sterbende hinterlasse den Lebenden Trost in der Gewißheit, daß »der Tod zwar ein Ende, aber nicht das Ende« (Robert Jungk) sei. Das Berührtwerden vom Geheimnis des Menschseins, das in das Geheimnis Gottes münder, erfahre man beim Tod eines Menschen ganz unmittelbar. Wer stirbt, sagt Reinhold Schneider, »wird im

Hinüberscheiden vom ersten Glanz berührt«. Diesen Glanz wahrnehmen zu dürfen, ist auch für jene ein Geschenk, die Sterbende begleiten.

Hoffnung hilft überleben

Die Hoffnung ist nie am Ende. Vielleicht ist sie dort am stärksten, wo es darum geht, das nackte Leben zu retten, zu überleben. An Menschen, die Gefangenschaften, Konzentrationslager, Hungerzeiten und sogar Folterungen durchgestanden haben, zeigt sich die Hoffnung als jene Kraft, die sie am Abgrund des Todes am Leben gehalten hat, die sie überleben ließ.

Und – kann man nicht annehmen, daß selbst Menschen, die sich selbst töten, dies in der Hoffnung tun, einen unerträglichen Zustand beenden zu können? In einem Abschiedsbrief war die Hoffnung ausgedrückt, »daß Gott mich aufnimmt …« Hoffnung über den Tod hinaus.

Zukunft über den Tod hinaus

Die Hoffnung stirbt erst mit uns. Noch sterbend hoffen wir auf die Umwandlung unseres Lebens in ein neues, unvergängliches Sein. Gäbe es dieses neue, andere Sein, diese Zukunft über den Tod hinaus nicht, dann hätte die Hoffnung ihren Sinn verloren, ihren eigentlichen Grund. Sie wäre nicht die Kraft, die uns der Zukunft zuwendet, wenn wir am Ende von aller Zukunft keine hätten. Wenn wir ins Bodenlose fielen.

2

Über den Rand des Lebens hinaus

HOFFNUNG ABER,
DIE MAN SCHON ERFÜLLT SIEHT,
IST KEINE HOFFNUNG;
WIE KANN MAN AUF ETWAS HOFFEN,
WAS MAN SIEHT?
HOFFEN WIR ABER AUF DAS,
WAS WIR NICHT SEHEN,
DANN HARREN WIR AUS
UND WARTEN GEDULDIG …
DENN AN DIE HOFFNUNG
IST AUCH UNSERE RETTUNG GEBUNDEN.

RÖMERBRIEF 8,24-26

Wir selbst sind Hoffnung

Wir haben nicht nur viele einzelne, für unser tägliches Leben wichtige Hoffnungen. Wir selbst sind Hoffnung (Balthasar Staehelin). Unser Hoffnung-Sein übersteigt die vielerlei Hoffnungen für jeden Tag. Obwohl es gerade auch in ihnen wirksam ist, weist unser Hoffnung-Sein über die Erfüllung alltäglicher Bedürfnisse weit hinaus. Denn letztlich gilt unsere tiefste Sehnsucht einem Leben, das nicht von Vergänglichkeit beschwert und vom Tod begrenzt ist. Wir sehnen uns nach unvergänglichem Sein. Diese Sehnsucht vermag uns im Laufe unseres Lebens allmählich zu versöhnen mit unserer Sterblichkeit. Sie macht uns bereit zur Übergabe unseres Lebens an den, der es uns gegeben hat. Immer schon, wenn auch mehr oder weniger deutlich, lebt in uns die Gewißheit der Unsterblichkeit, die wir mit allen Menschen aller Zeiten und Religionen teilen. Im Tod werden wir so radikal verwandelt, daß wir fähig werden für eine unmittelbare und immerwährende Begegnung mit Gott.

Dieses Bei-Gott-sein-Dürfen ist unsere Zukunft. Deshalb greift unsere Hoffnung schon jetzt über den Rand des Lebens hinaus. Gott hat uns so geschaffen, daß wir zwar ganz dieser Welt und ihrer Geschichte, mitten in ihr aber auch ganz Gott zugehörig sind.

Unser existentieller Durst

Diese unsere Gottzugehörigkeit, unser Auf-Gott-hin-Sein macht sich bemerkbar als »Durst« besonderer Art. Es ist nicht ein Durst nach diesem oder jenem Machbaren oder Habbaren. Es ist ein existentieller Durst, ein Seins-Durst, ein Gottesdurst. Er kann von nichts und niemanden in dieser

Welt gestillt werden, weil er nicht von dieser Welt ist. Alles
Faszinierende dieser Welt kann uns zwar ausfüllen, erfüllen
kann es uns im Letzten nicht. Mögen wir diese Wahrheit
auch mit Erfolg verdrängen: In Stunden von Leere, in denen
wir an unserem Machen, Erreichen, Genießen und Haben
Überdruß empfinden, fühlen wir ein »existentielles Vakuum«
(Viktor Frankl) als Mangel an Sinn, an Sein. Diesen Mangel
erleiden wir, wenn unsere Lebensinteressen nur der äußeren
Wirklichkeit gelten, wenn wir die Wirklichkeit in uns, den
Gottesdurst, verleugnen, vergessen. Doch das erlebte Unge-
nügen an uns und unserem Leben kann uns auch bereit und
empfänglich machen, uns unserer Gottzugehörigkeit inne zu
werden. Es kann für manche Menschen der Weg sein, den
Brunnen im eigenen Herzen zu finden.

Das Gespräch am Brunnen

Brunnen sind Orte, an denen Menschen ihren Durst stillen.
An einem solchen Ort verlegt der Verfasser des Johannes-
evangeliums die Begegnung einer samaritischen Frau mit
Jesus. Er sprach sie an und bat sie um Wasser. Bald aber
war er der Gebende, indem er sagte, er könne ihr lebendiges
Wasser geben. Wer von diesem trinke, würde nicht mehr
dürsten. Gib mir davon, sagt sie, und ich muß nicht mehr
hierher kommen und schöpfen.
Da sagte Jesus unvermittelt, fünf Männer habe sie gehabt;
und der, mit dem sie jetzt lebe, sei nicht ihr Mann. Was
Jesus ihr da sagte, überraschte und verwunderte die Frau.
Woher konnte er das wissen? Sie erkannte: Er muß ein
Prophet sein! Daraufhin erklärte sie ihm, daß ihr Volk auf
diesem Berg hier Gott angebetet habe. Jesus gab ihr zur
Antwort, es komme die Stunde, ja, sie sei schon da, in der
die wahren Anbeter Gott im Geist und in der Wahrheit

anbeten. So von ihm angesprochen und ins Vertrauen gezogen, vermerkt die Frau: »Ich weiß, daß der Messias kommt, der Gesalbte Gottes«. Und Jesus verblüffte sie mit der Antwort: »Ich bin es. Du sprichst mit ihm.«

Es muß für sie wie ein Schock gewesen sein. Sie vergaß, weswegen sie an den Brunnen gekommen war. Sie ließ ihren Wasserkrug stehen, eilte in den Ort zurück und berichtete den Leuten, sie habe einen Mann getroffen, der ihr alles über ihr Leben gesagt habe. Sie sollen hingehen und sehen, ob es nicht der Messias wäre.

Durch diese Begegnung mit Jesus kam die Frau plötzlich ganz zu sich selbst, so, als erwache sie endlich zu ihrer Tiefe. Ihr muß spontan aufgegangen sein, daß ihr bisheriges Leben nicht imstande war, ihren eigentlichen Lebensdurst zu stillen, der sich darin ausdrückte, daß sie ständig ihre Männer wechselte. Und daß da nun einer vor ihr stand, der diesen Durst kennt und dafür »lebendiges Wasser« hat, der vermochte, ihre eigene innere Quelle zum Fließen, zum Leben zu bringen.

In diesem Augenblick wurde sie ein neuer Mensch. Sie vergaß, was ihr bislang wichtig war. Sie fiel aus all ihren Rollen; aus der Rolle der Hausfrau, aus der Rolle der sorgenden Geliebten. Sie übernahm eine völlig neue Rolle: Sie wurde zur Botschafterin. Sie ließ den Wasserkrug stehen, denn sie hatte bereits ein anderes Wasser geschmeckt. Sie scheuchte die Menschen ihres Dorfes aus ihrer Alltagsruhe auf. Sie forderte sie auf, sie sollen zu dem Mann an den Brunnen gehen. Als sie ihn dann selbst gehört und gesehen hatten, glaubten sie an ihn (vgl. Johannes 4,1–42).

Ganz werden – ganz sein

Es mag uns schon widerfahren sein, daß uns in der Begegnung mit dem Wort Jesu in der Bibel die Augen aufgingen. Urplötzlich erkannten wir unseren wahren Zustand. Wir spürten, wie entfremdet wir uns selbst waren. Wir erkannten, wohin wir uns verloren hatten. Gleichzeitig erwachten alle Sinne des Herzens und des Geistes und zogen uns dahin, wohin wir eigentlich gehören, dahin, wo unser wahres Leben ist. Wir fühlten uns heimkehren zu uns selbst wie in das »Haus des Vaters«; und an einen Tisch, reich gedeckt; für unseren Durst war der Becher voll eingeschenkt (vgl. Psalm 23). Dabei wurden wir heil, wir fühlten uns ganz werden: Jetzt konnten wir unsere Gottzugehörigkeit zulassen und leben, in ihr sein, uns ihr anvertrauen. Uns ging auf, daß wir nur ganzheitlich leben können, wenn wir uns nicht an der entscheidendsten Stelle selbst beschneiden, nicht eine falsche Selbst-Verleugnung üben; statt dessen unsere Gottzugehörigkeit anerkennen und unseren Gottesdurst leben.

Nach solchem Erkennen werden wir wachsam die Wege für die Begegnung mit Gott gehbar machen oder sie uns erhalten. Wir tun das, wenn wir unserem Seinsdurst nachgeben und Gott suchen im Meditieren, im Bestaunen der Schöpfung, im gesammelten Hören von Musik, vor allem, wenn wir beten. All dies führt uns weg vom Nur-nach-außen-orientiert-Sein in unseren vielen Rollen. Es führt uns nach innen, in unsere eigene Tiefe, in der wir »Gott anbeten im Geist und in der Wahrheit«. Denn der Geist Gottes wohnt in uns (1 Korinther 3,16). In uns selbst ist der Brunnen der Begegnung, aus dem wir die Wasser des Lebens schöpfen können.

Eine tiefe Stille einkehren lassen

Ohne eine tiefe Stille in sich einkehren zu lassen, gibt es keine Wahrnehmung der Gegenwart Gottes in uns, sagte neulich eine Freundin in einem unserer Gespräche. – Wie kommen wir zu dieser Stille? Um sie zu finden, bedarf es aller Qualitäten der Hoffnung: Vertrauen, Geduld, Zähigkeit, Ausdauer, Wartenkönnen, Erwarten – Disziplin. Um Stille einkehren zu lassen, ist ein wahrer Exodus, ein Auszug aus dem Gewohnten nötig; ein Verlassen, ein Weggehen, ein Verzicht auf momentan Angenehmes, auch Wichtiges. Wir müssen unsere Beschäftigungen verlassen, die Apparate abschalten, uns Stille schaffen, sie suchen. Haben wir uns darin gefunden, werden wir den Exodus in unserem Inneren vollziehen: den Lärm der Gedanken und Gefühle lassen. Was davon auftaucht, ziehen lassen, ihm keine Beachtung, kein Gewicht geben, sich nicht darauf einlassen. Der inneren »Verführung« sanft, aber konsequent widerstehen. Sich selbst gegenwärtig werden, wach sein mit allen inneren Sinnen, da sein, offen sein, warten, ausschauen, das innere Ohr auftun, Ruhe atmen, das Herz weiten … Ein wahrer Exodus, ein schwerer Weg dahin, der uns begreiflich macht, warum wir solches Beten oft umgehen und lieber Gebete sprechen. Teresa von Avila empfiehlt ihren Nonnen das anstrengende Gebet: das Gebet der Ruhe. Was nichts anderes ist, als sich selbst ganz gegenwärtig zu sein vor Gott in uns.

Wir sollten so in die Begegnung mit Gott kommen, wie Gott kommt. Er kommt nicht mächtig und gewaltig. So würde er uns ja erschlagen, erdrücken. Nein. Gott kommt als Gegenwart, als Licht, als tiefe Ruhe, als innere Salbung, als Erquickung. Gott kommt als Person … Er kommt leise, schweigend, sanft, zärtlich, liebend. – Erst wenn wir alles loslassen konnten, leer, arm, nur noch wir selbst sind, können wir ihn wahrnehmen. Er wird aus unserem Seinsgrund »hervortreten« und uns sein Sein zu kosten geben. Wie er will, wann er will. Uns bleibt das Warten, das Bereitsein, das Hoffen, er werde kommen.

Unser Seinsgrund ist der Ort Gottes in uns. Dort ist jene Offenheit, in der jeder Mensch unmittelbar zu Gott ist, in der wir unmittelbar von Gott berührt, gehalten, gewollt sind. In diesen Seinsgrund hinein werden wir einmal sterben. Wir sterben nach innen, wie wir auch von innen leben. Am Brunnen des Seins in uns erfahren wir schon jetzt die Nähe Gottes. Das Verweilen darin schenkt uns die tiefste Erfahrung von Geborgenheit und Liebe. Dabei schwindet die Angst vor dem Tod. Denn wir können in unserer angstfreien Übergabe an Gott schon jetzt unsere letzte Begegnung mit ihm in unserem Innern erahnen. Auch dann wird sein Licht in uns sein.

In der letzten Ankunft Gottes im Tod wird unser Hoffnung-Sein erfüllt.

Unser Glaube sagt uns, wir hoffen nicht umsonst

In der Beziehung zu Gott, verändert sich auch unsere Hoffnung. Sie gerät in die Dimension des Glaubens und gewinnt darin eine neue Qualität. Der Glaube sagt uns: wir hoffen nicht umsonst. Der Glaube gibt unserer Hoffnung Gewißheit. Der Glaube »weiß«, daß Gott ist. Wenn auch nicht aus rationaler Beweisführung, so doch – wie wir gesehen haben – aus innerster Erfahrung und Betroffenheit. Sie läßt uns auch in konkreten Geschehnissen des Alltags

erkennen, daß Gott in unserem Leben da ist. In dieser
Gewißheit werden wir bestärkt durch die Gemeinschaft der
Kirche, auch durch Menschen anderer Religionen, wenn sie
uns von ihrer Gotteserfahrung und ihrem mystischen Eins-
werden mit Gott erzählen.

Uns werden die Augen aufgehen

Mit Augen der Hoffnung sehen wir im Glauben zwar »wie
in einem Spiegel« (1 Korinther 13,12), doch schon jetzt
über den Rand des Lebens hinaus in ein künftiges Leben
bei Gott. Vieles, was uns hier vorenthalten bleibt, hoffen
wir dort zu finden. So werden wir vor allem den Sinn
unserer persönlichen Lebensgeschichte und ihrer tieferen
Zusammenhänge verstehen dürfen; unser Leben mit seinen
Verwicklungen, seinen Schicksalsschlägen, den hochge-
stimmten Aufbrüchen und den Niederlagen, dem Schul-
digwerden, dem Sich-Verirren und dem Sich-dennoch-ge-
führt-Sehen, dem Glück und dem Schmerz, dem Leiden,
dem Sterbenmüssen. Wir hoffen, daß wir Ereignisse, die
wir jetzt als sinnlos hinnehmen müssen, auf die wir keine
Antwort finden, denen wir uns lediglich ohnmächtig und
widerstrebend ergeben müssen, in ihrem uns heute noch
verborgenen Sinn verstehen werden: unerklärbar für uns,
warum z.B. die achtzehnjährige Tochter tödlich verunglük-
ken mußte; warum ein Sohn aus dem normalen Alltag
heraus ohne jede Erklärung, »ohne Grund«, Selbstmord
verübt; warum das einzige Kind beim Baden ertrinkt; warum
eine Mutter von sechs Kindern krebskrank stirbt. ... In
alldem können wir nur glaubend hoffen, daß Gott den
Sinn kennt, obwohl uns dabei die Verzweiflung ankommt,
obwohl unser Gottesbild zu zerbrechen, unsere Beziehung
zu ihm unterzugehen droht.

Wir hoffen, daß die unzähligen Menschen, die in sinnlosen Kriegen sterben mußten, die Ungezählten, die durch Überschwemmungen, Erdbeben, Stürme, durch Blitze, durch Hungerkatastrophen oder Unfälle umkamen, in einen Sinnbezug aufgenommen sind, dem wir einst werden zustimmen können. Dasselbe hoffen wir auch für die ungeborenen Kinder, die, kaum zu leben begonnen, ums Leben gebracht wurden.

Uns werden die Augen dafür aufgehen, daß kein Geschehen, kein Leid, kein für uns heute »Sinnloses« bei Gott verloren ist. Wir werden im Licht einer neuen Gotteserkenntnis, mit neuen Augen uneingeschränkt sehen, daß Gott uns liebt, daß von all dem, was wir erlebt und gelebt haben »bei Gott nichts verloren gegangen ist (…) Alle Träume hat er gesammelt und kein Lächeln ist ihm weggehuscht …« (Wilhelm Breuning). Bei Gott finden wir unsere ganze Geschichte wieder.

Nichts umsonst – nichts verloren

Das Kreuz und die Auferstehung Christi lassen uns erkennen, daß nichts umsonst sein kann. Nicht umsonst sind die vielen und schmerzlichen Opfer, die jeder Schritt unserer persönlichen wie auch der menschheitlichen – auch der technischen – Entwicklung kostet. Nicht umsonst ist die mit Schmerz und Leid verbundene Umkehr aus Verirrungen und Fehlentscheidungen in der Politik, der Wirtschaft, der Gesellschaft, der Kirche; nicht umsonst die Umkehr auch im persönlichen Leben. Nicht umsonst. Nichts umsonst. Nichts verloren. Auch im erlittenen Leid wird uns das Leben nicht genommen. Immer schon wird es verwandelt auf jene Zukunft hin, in der allein durch Gott die »neue Erde und der neue Himmel« (2 Petrus 3,13) offenbar werden. Die

Verwandlung und Vollendung alles Geschaffenen ist für den, der glaubt, keine Illusion.

Was es heißt, an eine Vollendung im ewigen Leben durch den Gott, wie er sich in Jesus von Nazaret gezeigt hat, zu glauben?

»An ein ewiges Leben glauben heißt, mich in vernünftigem Vertrauen, in aufgeklärtem Glauben, in geprüfter Hoffnung darauf verlassen, daß ich einmal voll verstanden, von Schuld befreit und definitiv angenommen sein werde und ohne Angst ich selber sein darf; daß meine undurchsichtige und ambivalente Existenz, wie die zutiefst zwiespältige Menschheitsgeschichte überhaupt, doch einmal endgültig durchsichtig und die Frage nach dem Sinn der Geschichte doch einmal endgültig beantwortet werden.« (Hans Küng)

Darauf hoffen wir. Deshalb ist die christliche Hoffnung auch eine harte »Tugend«. Eine Tugend gegen den Augenschein. Aber eben eine Kraft, die der Verheißung traut – trotz offensichtlichem Widerspruch zur erlebten Realität. Nur der Glaube an Jesus Christus kennt solche Hoffnung (vgl. »Unsere Hoffnung«, Synode Würzburg). Und nur der Glaube läßt in uns eines Tages den Gedanken keimen: Ich freue mich darauf, für immer bei Gott zu sein.

Nicht mehr nur wie in einem Spiegel

Die Hoffnung des Glaubens sagt uns, daß es zur Würde des Menschen gehört, seinem Gott und Schöpfer zuzutrauen, daß er seine Versprechen hält, seine Verheißungen wahrmacht. Er, der uns »nach seinem Bild und Gleichnis erschaffen hat« (Genesis 1,26) und uns den Auftrag gab, an seiner Schöpfung, in Welt und Geschichte zu handeln, wird unsere letzte Hoffnung nicht enttäuschen. Ist es diesem Gott nicht angemessen, sein Geschöpf voll teilnehmen zu lassen an seinen Absichten und Plänen? Schließlich hat er uns doch fähig gemacht, durch Forschung und Entwicklung im Lauf der Jahrhunderte bis vor das Tor »letzter« Geheimnisse zu kommen. Und schon jetzt hat er uns »das Geheimnis seines Willens kundgetan, in Christus als dem Haupt, alles zusammenzufassen« (Epheser 1,10). Nicht mehr nur wie im Spiegel alles Geschaffenen, nein, von Angesicht zu Angesicht (vgl. 1 Korinther 13,12) werden wir schauen, erkennen, teilnehmen. Dann, wenn jene Stunde für eine total neue Menschheitszukunft geschlagen hat, die nur Gott heraufführen kann. Er wird die Menschheitsgeschichte be-enden und voll-enden.

»Wie der Wächter auf den Morgen«

Das Bild vom Hochzeitsmahl

Das Bild vom Hochzeitsmahl (Offenbarung 19,9) und andere Bilder der Bibel verheißen uns die Erfüllung einer noch anderen Hoffnung: Daß nämlich die Liebe stärker ist als der Tod (Hohelied 8,6). Hochzeit hat mit Liebe zu tun. Trotz der schäbigen Vermarktung des Wortes Liebe in unseren Gesellschaften gibt es wahre Liebe in der Welt. Liebe, die unsere Ichzentriertheit aufbricht und uns öffnet für den anderen Menschen, für die Tiere, für die Natur. Liebe befreit uns von uns selbst und bringt uns gleichzeitig zu uns selbst. Durch Liebe werden und sind wir gemeinschaftsfähig, offen für das Leben in Beziehungen. Auch kann nur die Liebe eine Beziehung unauflöslich machen. Mal für Mal enthüllt sie – gerade auch in den schmerzlichen Prozessen des Reifens – ihren Ewigkeitskern. Die Liebe ist, obwohl stets gefährdet, die einzige Ewigkeit in unserer Zeitlichkeit.

Denn Gott selbst ist in ihr. »Wer in der Liebe bleibt, bleibt in Gott, und Gott bleibt in ihm« (1 Johannes 4,16).

Wenn wir lieben, bringen wir Gott in diese Welt. Wir werden zur Tür, durch die er eintritt. Durch unsere Liebe zueinander wird Gott anwesend unter uns Menschen. Deshalb »verdient die kleinste Tat der Liebe das ewige Leben«, sagt Thomas von Aquin.

Das Bild vom Hochzeitsmahl vermittelt uns, daß unsere Liebe zu den Menschen bleiben wird – über den Tod hinaus. Wir ahnen nur, was dort sein wird, wo Gott jede Träne abwischen wird, wo nicht mehr Trauer und Schmerz sein werden (Offenbarung 21,4). Beziehung wird sein, Kommunikation, Gemeinschaft mit allen, mit denen uns die Liebe in diesem Leben verbunden hat; Kommunikation auch mit jenen, die wir über Zeiten und Kontinente hinweg als geistesverwandt erkannt haben, die uns mit ihren Gedanken, Worten und durch ihr beispielhaftes Leben geholfen haben, zu lieben und zu leben. Auf diese umfassende Kommunikation, in der die Liebe alle Schatten zwischen uns verzehrt und alles transparent gemacht haben wird, »harren wir, wie der Wächter auf den Morgen« (Psalm 130,6).

Zeichen für das künftige Leben

Damit wir in diesem Harren nicht nachlassen, ist uns ein Zeichen für das künftige Leben gegeben. Es ist die Kirche, wie wir sie in der Gemeinde immer wieder erleben können: Kirche als Communio – in Gruppen, Gesprächen, in vielen geschwisterlichen Zuwendungen, in der Freundlichkeit, in der Erfahrung der Zugehörigkeit, der gegenseitigen Hilfsbereitschaft, in der Gastfreundschaft.

Zeichen der Begegnung mit Gott in der Gemeinschaft der Kirche sind die Sakramente, allen voran die gemeinsame

Danksagung, die Feier der Eucharistie. Sie ist das Fest unserer großen Hoffnung, die Vorwegnahme des ewigen Hochzeitmahles, das Gott mit der Menschheit halten wird. Bis dahin nährt uns das Wort Gottes. Es stärkt und erhält unsere Hoffnung.

Die Toten sind gegenwärtig

In dieser Gemeinschaft haben auch unsere Toten ihren Ort. Im Gedächtnis, in Fürbitte und Gebet bringt die christliche Gemeinde ihre Überzeugung zum Ausdruck, daß die Toten bei Gott leben, daß sie – durch den Tod hindurch – durch Gott gerettet sind. Die »Gemeinschaft der Heiligen« ist dafür ein wunderbares Wort, das uns daran erinnern kann, daß die Toten zwar von uns gegangen, aber doch nur vorausgegangen sind, dorthin, wohin wir selbst auch kommen werden. Da die Toten in Gott leben, können wir »mit ihnen reden«. Wir können ihnen danken, Abbitte leisten, uns versöhnen, unsere versäumte Liebe ihnen gegenüber beklagen; und gewiß sein, daß sie in ihrem neuen Leben erst recht fähig und bereit sind, Vergebung zu gewähren. So können wir als die Zurückgebliebenen Frieden finden in Beziehungen, die auf dieser Welt – trotz unserer Bemühungen – mehr oder weniger unversöhnt blieben. Wobei zu erinnern ist, daß wir alles tun sollten solange wir leben, die anstehende Versöhnungsarbeit nicht aufzuschieben.

Schon jetzt den Geschmack des Himmels kosten

Unsere letzte Zukunft wird der »Himmel« sein, in dem wir endgültig die verheißene Fülle des Lebens finden werden. »Kein Aug' hat es gesehen, kein Ohr hat es gehört, was Gott denen bereit hält, die ihn lieben« (vgl. 1 Korinther 2,9). So unvorstellbar für uns »Himmel« ist, so können wir seinen Geschmack doch schon jetzt verkosten; unzulänglich zwar, aber dennoch in Geschehnissen, in denen wir freier, gütiger, einsichtiger, offener, liebender werden; in Momenten, in denen wir der Tiefe unserer eigenen Person und der eines anderen Menschen gegenüber offen sein können; in Augenblicken, in denen wir Gottes Nähe als uns umfangende und lichtvolle Gegenwart erfahren. In vielen Situationen widerfährt uns, was der Verfasser des Hymnus ›Salve Regina‹, Hermann von Altshausen, erlebte. Er sagte: »Ich bin auf Gott hin. Und Gott ist Liebe.«

Liebe ist Person. In der Person Jesu Christi, seiner Lebens- und Leidensgeschichte – geboren, verraten, verlassen, gelitten, gekreuzigt, gestorben, begraben, auferstanden – ist uns die Liebe Gottes sichtbar geworden. In seiner Nachfolge selbst Liebe zu werden, Liebe zu sein, das ist unsere Sehnsucht und unsere Berufung, der wir allerdings nur bruchstückhaft nachkommen können. Auch diese Grenzerfahrung, nie genug geliebt zu haben – und geliebt worden zu sein – auch sie läßt uns über den Rand unseres Lebens hinaus auf die Erfüllung unserer Liebessehnsucht hoffen.

Die Liebe wird bleiben, wenn alles andere vergangen ist. Nur sie befähigt uns, die Liebe in Person, Gott, zu schauen. Bis dahin – so sagt uns Jesus – sollen wir ihn im Angesicht des andern, des Schwachen, des Kranken, Fremden, des Hungernden, Dürstenden, des Gefangenen erkennen (vgl. Matthäus 25,35-46). Das heißt, uns in einer Hoffnungsarbeit für mehr Gerechtigkeit und Frieden anzustrengen unter den Menschen, mit denen wir leben.

3

Hoffen auf einander

ZWISCHEN GLAUBE UND LIEBE
NIMMT DIE HOFFNUNG TEIL
SOWOHL AN DER VERTRAUENSVOLLEN
FESTIGKEIT DES GLAUBENS
WIE AN DER GEFÄHRDUNG
UND ZERBRECHLICHKEIT DER LIEBE,
UND SIE GEWINNT
AUS DIESER ZWISCHENSTELLUNG
DIE IHR EIGENE STÄRKE UND SCHWÄCHE.

PETER HENRICI

Hoffnungsworte

In unserer Sprache wird deutlich, wie sehr die Hoffnung unser Leben bestimmt. Wieviele Worte der Hoffnung sprechen wir an einem einzigen Tag. Wir sagen etwa: Ich hoffe auf gutes Wetter, auf Schnee, auf Sonne, auf Regen, je nachdem, ob wir Skilaufen wollen, oder Segeln, Wandern, oder ob wir gerade den Garten bepflanzt haben. Auch in unseren Wünschen lebt Hoffnung. Im Wunsch für einen guten Tag, für einen schönen Urlaub, in den Glückwünschen zur Hochzeit, zur Geburt eines Kindes, zu Gedenk- und Jubiläumstagen. Wir drücken darin aus, was uns für uns und andere wünschenswert erscheint. Wir wünschen etwas, was noch nicht da ist, was hinzukommen, sich vermehren oder auch erhalten bleiben soll. Wünsche, die wir für andere aussprechen oder selbst erhalten, sind zukunftsgerichtet. Gute Wünsche, gute Gedanken, so spüren wir, haben eine Kraft, eine Ausstrahlung. Ein aufnahmebereites Ohr, ein hörendes Herz nimmt sie wahr. In den Wünschen kündigt sich die Erfüllung unserer Sehnsucht nach einer lebenswerten und sinnvollen Zukunft an.

Wir bringen unsere Hoffnung auch deshalb ins Wort, weil wir eine Urahnung davon haben, daß das Leben stärker ist als der Tod, daß das Gute letzten Endes stärker ist als das Böse. Von dieser Urahnung wissen Märchen und Mythen; das Gute ist Sein, das Böse die Macht, die das Gute vernichten will.

Wir trösten einander, wenn wir uns Hoffnung zusprechen und sagen: Es wird schon wieder werden. Es wird schon wieder gut; obwohl wir gar nicht wissen können, was dieses Gut-Werden genau sein wird. Und wer Hoffnung weckt, weckt zugleich Glauben, der den Anfang des Werdens spüren und das Ganze ahnen läßt. Wir brauchen alle diesen

Zuspruch der Hoffnung. Besonders dann, wenn Glaube und Hoffnung lahmen, wenn wir in der Gefahr sind, enttäuscht zu resignieren.

Hoffen, miteinander auszukommen

Da Beziehungen von Mensch zu Mensch etwas Lebendiges sind und für unser Glücklichsein in dieser Welt auch entscheidend, könnte uns ein Wort von Gabriele Wohmann eine Leitlinie sein. Sie sagt: »Ich habe wirklich vor, ständig an der Ermöglichung von irgend etwas Gutem, Richtigem, Schönem zu arbeiten, an diesen winzigen Anstiftungen zum Glück. Ich habe unheimlich große Hoffnung.«
Oft sind es tatsächlich Winzigkeiten, die uns hoffen lassen, Mal für Mal mehr miteinander auszukommen. Sei es, daß wir gelernt haben, wann es günstig ist zu reden, und wann es gut ist zu schweigen. Auch haben wir erfahren, welche unserer Worte andere verletzen und welche ihnen wohltun.

Autonomie gewinnen

Unser Miteinander ist ein Übungsfeld von Geben und Nehmen, Nachgeben und Sich-Durchsetzen, von Sich-Bescheiden und Sich-zur-Geltung-Bringen. Dabei ist es unerläßlich, die eigenen Grenzen und die des andern zu respektieren. Um seine Eigenständigkeit zu wahren, ist es in jeder Beziehung nötig, zu erspüren, was einengt, abhängig und unfrei macht. Das Maß und den Zeitpunkt herauszufinden, sich voneinander abzugrenzen, ist zuerst ein Prozeß der Bewußtwerdung eigener, vor allem geistiger, seelischer Bedürfnisse: das Bedürfnis allein zu sein, seinen eigenen Innenraum ausleuchten zu können, bei sich zu sein, eigenen Interessen nachgehen und nachgeben zu können, muß berücksichtigt werden. Nur wo jede/r sich selbst entfaltet und bejaht, trägt die Gemeinsamkeit. Das setzt Autonomie voraus. Sie muß entwickelt und ständig erkämpft werden. Das tun wir, wenn wir bewußt Verantwortung für uns selbst übernehmen und nicht infantil die Erwartung hegen, andere müßten für unser Wohlbefinden sorgen. Autonomie als menschliche Reife bringt das Freisein von unguter Abhängigkeit – von Menschen, Verhältnissen, Prestige, Image u.a. – mit sich. Wenn die Forderung an uns gestellt würde, für einen gesunden und erwachsenen Menschen Verantwortung zu übernehmen, gilt es, dieses Ansinnen abzuwehren. Dann ist Abgrenzung erforderlich.

Die Balance finden

Abgrenzung darf aber nicht als starrer Grundsatz verstanden oder gar so gehandhabt werden. Sie könnte sonst ein Hindernis werden für die Entfaltung des einzelnen und für das Ausreifen der Gegenseitigkeit. Die Situationen, in denen Abgrenzung zur notwendigen Selbstverständlichkeit werden muß, sind ganz verschieden. Nur eine unangestrengte, fast möchte ich sagen, eine spielerische Aufmerksamkeit, kann uns dafür flexibel machen, wann wir uns für andere auftun, und wann wir uns wieder zurücknehmen sollen. Die Balance zu finden zwischen Für-sich-Sein und Für-andere-da-Sein, ist eine ständige Aufgabe und Herausforderung.
Erst unsere bewußte Arbeit an uns selbst erlaubt uns die Hoffnung, daß wir mit anderen auskommen werden. Wenn wir die Augen nicht davor verschließen, wie schwer uns selbst schon die kleinsten Veränderungen in unserem eigenen Verhalten und in unseren Einstellungen fallen, können wir

dem andern zubilligen, daß er/sie es auch nicht so reibungslos und so leichthin schaffen kann. Wenn wir soweit kommen, daß wir uns selbst und andere so annehmen wie wir sind, haben wir einen Grad gegenseitiger Akzeptanz erreicht, der uns das Zusammenleben erleichtern hilft und uns zufriedener sein läßt.

Grenzen übersteigen

Diesem Weg würden wir uns verschließen, wenn wir auf Vorstellungen, die wir uns von jemanden gemacht haben, beharren. Denn dabei passiert es uns leicht, daß wir unsere Gefühle für andere einfrieren lassen. So schwindet unsere Sensibilität für eine wichtige Wahrnehmung: die andern verändern sich tatsächlich. Wir selbst aber sind blind, werden starr, und wir merken es gar nicht. Ganz gleich, was die anderen auch sagen oder tun mögen, wir nehmen sie jeweils nur nach unserem Muster, nach unserem Schema wahr. Wir haben unsere Wahrnehmungsfähigkeit eingeschränkt. Wir hören andere nur so, wie wir sie sehen – und umgekehrt. Daraus wachsen Mißverständnisse. Zum Glück aber lassen sich diese überwinden, wenn wir uns die Mühe machen, sie miteinander zu besprechen, wenn wir sie aufhellen und klären. Dabei können wir ein neues und tieferes Verständnis füreinander finden, weil wir uns gegenseitig einiges mitgeteilt haben, was wir vorher voneinander nicht wußten. Es können Seiten zum Vorschein gekommen sein, die wir bislang noch nicht sehen konnten, die wir schätzen und sogar lieben lernen können. Meist vergessen wir, »daß der Mensch groß angelegt ist; (...) der Mensch selbst ist sich seiner Möglichkeit zur Größe nicht bewußt, und das ist es doch, was sein Wesen ausmacht: das Übersteigen der Grenzen seines Ich« (Luise Rinser).

Beziehungen verlangen ein waches Bewußtsein, Toleranz und ein bestimmtes Maß an Konfliktfähigkeit. Im privaten wie im öffentlichen Leben brauchen wir eine »Streitkultur«. Dafür müssen wir uns fähig machen, unsere Gefühle wahrzunehmen und mit ihnen entsprechend umgehen. Sie sollten im Streit so anwesend sein, daß wir andere in unserer Wut, Empörung, Enttäuschung oder unserem Verletztsein nicht demütigen. Streiten heißt, sich auseinandersetzen in der Hoffnung, sich in Zukunft besser zu verstehen. Im Streit soll jede/r zeigen können, wer er, wer sie ist. Damit erhält man die Chance, sich in einem Konflikt selbst besser kennenzulernen und sich als PartnerIn zu erleben. Soll eine gute Beziehung bleiben wie sie ist, wäre möglichst alles zu meiden, was sie bedrohen könnte, und zu tun, was ihr Bestehenkönnen fördert. Dafür ist Wachsamkeit nötig, die unverkrampft jeden in die Verantwortung ruft. In die Verantwortung für die Beziehung nämlich. Ohne immer wieder neue Formen der Verständigung zu suchen, können wir weder in unserer, noch in der Menschheits-»Familie« miteinander auskommen.

Hoffen auf Verstandenwerden

Wir alle wissen, was es für uns bedeutet, wenn uns jemand zuhört und uns versteht. Seelische Erkrankungen zeigen uns, was geschieht, wenn das Verstandenwerden fehlt. Viele sind krank, weil sie sich vereinsamt fühlen. Sie sind vereinsamt, weil sie sich unverstanden fühlen. Sie sind unverstanden, weil ihnen niemand wirklich zuhört. Deshalb erleben sie sich als nicht angenommen, als abgelehnt, als ausgeschlossen, als verlassen, als fremd.

Einfühlendes Zuhören

In unserer hektischen Zeit ist es schwer, einen Menschen zu finden, der so zuhören kann, daß man das Gefühl bekommt, verstanden zu werden. Der Zuhörende braucht dafür Geduld und die bewußte Einstellung, Zeit zu haben. Nichts ist störender und unter Umständen kränkender, als wenn man merken ließe, man habe Wichtigeres zu tun. Fehlt die innere Bereitschaft zum Hören und Verstehenwollen, wäre man nicht imstande, sich in den andern so einzufühlen, daß man wahrnehmen könnte, was sein Problem ist und wie er/sie es erlebt. Würden wir uns um diese Wahrnehmung nicht bemühen, hätten wir uns für das Verstehen eines anderen Menschen selbst blockiert. Diese Wahrnehmung verlangt ein Stück Askese, Verzicht auf unsere vorgefaßten Meinungen, auf Vorurteile Menschen gegenüber, die z.B. aus einer bestimmten Wohngegend, einer sozialen Schicht, kommen, anderen politischen oder sozialen Gruppen angehören als man selbst.

Eine nicht urteilende Einstellung

Unsere unbewußten Einstellungen, die alle mit Gefühlen verbunden sind, können in einem Gespräch wirksam werden und uns für einen anderen zu einem nicht-einfühlenden Gesprächspartner machen. Wir sind vor-eingenommen. Auch wäre es für verstehende Gespräche notwendig, daß wir uns auf die Schliche kommen, wie wir mit den Gefühlen von Sympathie und Antipathie umgehen. Wir könnten für unsere eigene Entwicklung viel gewinnen, wenn wir uns darüber klar werden, wieviel Nähe wir zulassen können, und doch wir selbst bleiben; oder wieviel Distanz wir dafür brauchen. Der gewöhnliche Alltag, in dem wir es immer mit Menschen, mit Beziehungen, mit Gesprächen zu tun haben, ist das beste Übungsfeld, uns selbst in unseren Gefühlen und spontanen Reaktionen wahrzunehmen. Sind wir mit unseren Gefühlen in Kontakt, werden uns unbewußte Einstellungen bewußt, können wir eher zu einer akzeptierenden und nicht-urteilenden Haltung kommen, die andere ermutigt, sich frei zu äußern. Können wir uns unseren persönlichen Problemen stellen, bejahen wir sie, können wir leichter akzeptieren, daß auch ein anderer Mensch Probleme hat, die er auf seine Art erlebt. Welchen Stellenwert die Schwierigkeiten im Lebensganzen des betreffenden Menschen haben, können wir nur durch teilnehmendes Zuhören allmählich begreifen (nach Roger Mucchielli).

Aufmerksame Nähe

Unsere aufmerksame Nähe wird dann hilfreich sein, wenn wir Antworten vermeiden, die beschwichtigen, das Problem verallgemeinern oder es harmonisieren. Moralische Bewertungen, durch die wir uns als RichterIn aufspielen, wirken blockierend. Unser Bemühen um Verständnis kann sich u.a. darin ausdrücken, daß wir einfühlend Fragen stellen, die die Situation deutlicher sehen, Gefühle erhellen und bejahen lassen. Dann kann es sein, daß jemand fähig wird, den eigenen Anteil an seinen Problemen zu sehen und dazu zu stehen. Ermöglichen wir jemand, sich ohne Scheu zu äußern, sich auch in seinen Gefühlen akzeptiert zu erleben, kann er/sie von Druck und Angst befreit oder zumindest erleichtert werden. Es kann die Hoffnung aufkeimen, eine Lösung zu finden, die mit eigener Kraft angegangen werden kann. Wir werden in unserem Selbstvertrauen und unserem Selbstwertgefühl gestärkt, wenn wir in einem Gespräch das Gefühl haben, daß wir ernst genommen und verstanden werden.

Möglicherweise finden wir auch den Mut, uns bei fachkundigen Menschen Rat und Begleitung zu holen, falls dies nötig sein sollte. Haben wir einmal über unsere Schwierigkeiten geredet und dabei unsere Schwellenangst überwunden, haben wir erlebt, daß unsere Probleme besprechbar und für andere verstehbar sind, sind wir auf einen solchen Schritt eher vorbereitet. Sprache finden, sich verständlich machen, ist ein unerläßlicher Vorgang menschlichen Reifens. Er hilft uns, zu einem wacheren Bewußtsein über uns selbst und auch über andere zu kommen.

Manches können wir uns nicht selber geben

Würden wir uns bemühen, einander geduldiger und einfühlender zuzuhören, würden wir mehr Verständnis füreinander aufbringen können. Dann wären wir in Stunden der Hoffnungslosigkeit nicht so verzagt, hilflos oder gar verzweifelt.
Hoffen aufeinander. Zum Gelingen unseres Lebens sind wir aufeinander angewiesen. Vieles, was wir dringend brauchen und manches, was das Leben schön, reich und glücklich macht, können wir uns nicht selber geben. Darum hoffen wir aufeinander, gerade auch aus dem tiefen Bedürfnis heraus, verstanden und angenommen zu werden. Wir können dazu beitragen und uns gegenseitig diese Hoffnung erfüllen.

Hoffen, Trost zu finden

Stunden der Hoffnungslosigkeit kommen über jede/n von uns. Da helfen wir einander durch bloße Worte wenig. Oft können sie den Panzer des Schmerzes oder einer depressiven Stimmung nicht durchbrechen, den andern oder uns selbst nicht erreichen. Eher vermögen das menschliche Nähe, Zeichen der Güte, Zärtlichkeit im Tonfall, behutsame Gesten.

Ein Augenblick voller Zärtlichkeit

Eine Patientin, die eben eine Gehirnoperation hinter sich hatte, war beim Aufwachen aus der Narkose voller Verzweiflung. Sie fühlte sich mutterseelenallein. Da war plötzlich jemand, der sie von hinten her umarmte und sagte: Ich bin ja da. Das war für die Frau eine unbeschreibliche Hilfe, ein wahrer Trost. Die Trösterin war ihre Krankenschwester, die sie auf der Wachstation abholte. Diesen Augenblick so voller Zärtlichkeit, sagte die Frau, werde ich mein Leben lang nicht vergessen. Und, fügte sie hinzu, ich bin nie verwöhnt worden mit Zärtlichkeit.

Nicht jeder Trost tröstet

Natürlich können auch Worte trösten, Worte die aufbauen, ermutigen. Worte, die unseren Selbstwert bestätigen. Auch kann die Erinnerung an Situationen helfen, in denen wir so gut wie am Nullpunkt waren, aber doch wieder hochkamen.

Nicht jede Art des Tröstens ist für einen andern Trost. Statt daß jemand teilnehmend zuhörte, wurden wir belehrt, ermahnt, beurteilt. Anstelle wirklicher Anteilnahme bei Schicksalsschlägen oder Todesfällen erlebten wir konventionelle Gesten, salbungsvolle Worte. Schlimme Ereignisse haben uns schon selbst das Wort im Halse stecken und uns die Ohnmacht erleben lassen, Betroffene zu trösten. Dies alles kann damit zu tun haben, daß wir unsere Nöte voreinander zu verbergen suchen, uns den Anschein geben, Trost nicht zu brauchen. Die Forderung und die Erwartung, »du hast tüchtig und fit zu sein«, und die Illusion, »du hast doch alles«, unterstützen diese Haltung. Dadurch verliert das Klima unseres Zusammenlebens an Wärme, Spontaneität und Nähe. Es wird nahezu trost-los, hoffnungs-los.

Aber wir haben es oft nötig, getröstet zu werden. Und häufig sind wir angesprochen, andere zu trösten: wenn wir uns verlassen fühlen und enttäuscht sind; wenn uns einer hintergangen hat, uns untreu wurde; wenn wir einsam, krank oder gar beides sind; wenn wir Angst vor unserer Zukunft haben, uns vor dem Alter fürchten oder vor dem Tod; wenn uns ein Mensch stirbt, ein Kind verunglückt; wenn unsere Pläne durchkreuzt werden oder unser Werk scheitert. Wir brauchen Trost, wenn wir an unsere Grenzen kommen.

Was tröstet?

Was ist Trost? Manchmal tröstet uns das bloße Nahesein eines Menschen, ein Wort, ein Brief, ein Anruf, eine Zärtlichkeit. Manchmal brauchen wir den täglichen Beistand eines andern. Ein andermal hilft uns Musik, der Besuch bei einem Kranken, ein Einkauf, eine Reise oder eine andere wohltuende Ablenkung.

Aufrichtender Trost kommt von einem Menschen, durch den wir Nähe, Wärme, Zuwendung, Verständnis, Einfühlung und Geduld erfahren. Dann kann es sein, daß wir unseren Kummer in einem anderen Licht sehen, eine neue Einstellung dazu finden, daß uns bisher verborgene Zusammenhänge deutlich werden. Es kann sich eine neue Wirklichkeit unseres Lebens auftun, die uns zuvor durch unsere Traurigkeit verschlossen war.

In Stunden der Hoffnungslosigkeit

In Stunden der Hoffnungslosigkeit müssen wir oft lange auf die Hoffnung warten. Manchmal aber kommt sie überraschend aus uns bisher unbekannten Quellen. Das können Begegnungen sein, die wir nicht gesucht haben. Das kann ein zufällig gehörtes oder gelesenes Wort sein, eine Einsicht, mit der wir am Morgen aufwachen. Es können körperliche Kräfte sein, die uns nach einer Zeit der Erschöpfung oder Krankheit neu geschenkt werden. Dann sehen wir das Leben wieder anders. Wir sind empfänglich für seine animierenden Impulse. Wir haben Mut, neu zu beginnen, Hoffnung zu investieren in unsere Neuanfänge. Es ist wie nach langen Regentagen, wenn sich endlich der Himmel wieder lichtet und die Sonne durchkommt. Wir atmen auf.

Hoffen auf Vertrauen

Vertrauen schafft Lebensraum

Hoffen aufeinander verwirklicht sich im Vertrauen. So wie die Hoffnung auf Leben zielt, so ist auch das Vertrauen auf Leben ausgerichtet. Daher hoffen wir ein Leben lang auf Vertrauen. Wir hoffen auf Menschen, die uns in ihrem Vertrauen vermitteln: Wie gut, daß du bist! Wie wunderbar, daß es dich gibt für mich! Aber diese Worte müssen auch gesagt werden, sie müssen hörbar sein. Denn gegenseitiges Vertrauen schafft den Lebensraum, den wir für unser Menschwerden brauchen. Darin finden wir Geborgenheit, Beheimatung, die Erfahrung von Sein-Dürfen, von Erwünscht-Sein und Bejahung. Das alles sind Weisen der Liebe.

Auf Vertrauen angewiesen

Wir sind auf Vertrauen angewiesen, damit wir unsere Identität finden, in der Gemeinschaft mit anderen leben und in der Gesellschaft unseren Platz einnehmen können. Wo wir vertrauen, sind wir offen für einander und bereit, den andern als den andern anzuerkennen. Das bedeutet Begrenzung und zugleich Entgrenzung. Begrenzung: ich anerkenne, daß ich den andern nicht einpassen kann in meine Welt. Und ich gebe zu, daß seine Welt anders, und meine nicht die einzige ist. Ich begreife, daß ich auf den andern und auf seine Welt angewiesen bin. Dadurch macht einer dem andern sein individuelles Selbstsein deutlich in den verschiedenen Aspekten, Stärken und Schwächen. Ich lerne, daß ich der/die andere für den andern bin.

Gerade über unsere Reibungspunkte erfahren wir viel über uns selbst. In Auseinandersetzungen, hervorgerufen durch unterschiedliche Haltungen und Bedürfnisse, lernen wir, uns selbst gründlicher anzuschauen. Wir lernen, unsere Überzeugungen besser zu begründen und dazu zu stehen, die der anderen eher stehen zu lassen. Wir lernen aber auch, die eigenen Standpunkte zu erweitern, zu ergänzen. Und: heißt das nicht auch, sie zu verändern?

Entgrenzung bedeutet: In der Erkenntnis des andern und im Anerkennen des andern bekomme ich »von ihm die ungeschuldete Gabe, mehr zu sein als ich bin« (Yves Cattin).

Vertrauen – eingelöste Hoffnung

Wo wir einander vertrauen, erfahren wir, daß der eine dem andern Geschenk ist. Wie hätte ich es mir je verdienen können, daß der andere sich mir zuneigt, mich liebt, mir vertraut, im Vertrauen und im Sich-Anvertrauen sein Leben mit dem meinigen verbindet? Es ist das Geschenk seiner Freiheit, daß er mir vertraut – obwohl ich oft nicht so bin, wie er/sie mich gerne hätte. Es ist das Geschenk meiner Freiheit an den andern, sein Vertrauen zu beantworten. Und im letzten ist es ein Geheimnis, nicht voll aufhellbar, warum es so ist. Vertrauen ist die eingelöste, wenn auch immer gefährdete Hoffnung, bei einem andern – auch durch ihn – Leben zu finden.

Vielleicht können wir den Weg beschreiben, den die Hoffnung geht, damit wir einander vertrauen können. In vielen alltäglichen Situationen zeigt sich uns die Güte und Verläßlichkeit eines Menschen. Schritt für Schritt lernen wir uns kennen, prüfen und bewähren uns in gegenseitiger Annäherung, bis der Boden trägt und die Brücke des Verstehens zwischen uns hält. Dann erleben wir Vertrauen wie ein Haus, in dem wir leben, atmen und sein dürfen.

Ich vertraue dort, wo ich nicht absichtlich und vorsätzlich verletzt und beleidigt werde; ich brauche nicht besorgt sein um die Würde meiner Person, der/die andere ist darum mitbesorgt, respektiert sie. Ich erfahre, daß ich kostbar bin für sie/ihn.

Ich vertraue dort, wo ich mich frei fühle von Zwang, wo ich nicht festgelegt werde auf ein Repertoire von Ansichten oder Verhaltensweisen, ich darf überraschend sein, neu sein für mich und für den andern. Ich kann mich sogar in einem guten Sinne gehenlassen. Mein Rollenverhalten, meine Rollenzwänge kann ich fallen lassen: Ich kann zum Vorschein kommen. Denn ich erlebe den andern glaubwürdig in seinen/ihren Äußerungen, Gefühlen und Handlungen; ich nehme ihn/sie wahr als meines Vertrauens würdig.

Jemand verhindert, daß ich vertrauen kann, wenn er/sie doppelzüngig redet; wenn ich nicht weiß, was er/sie hinter meinem Rücken aus mir macht, wie ich dort dargestellt, interpretiert werde; wenn ich nicht weiß, wie ich dadurch bei anderen morgen aussehe; wenn ich festgelegt werde auf immer gleiche Rollen; wenn man mich pressen, biegen, beugen, verändern will.

Ich verhindere, daß man mir vertrauen kann, wenn ich unzuverlässig bin, mein Wort nicht halte, Worte und Handeln in Widerspruch geraten; wenn ich andere ausnütze, beherrsche, unterdrücke, zwinge; wenn ich andere bewußt verletze, kränke, beleidige, Übles über sie rede, Anvertrautes ausplaudere. Ich verhindere Vertrauen überall dort, wo ich die Achtung verletze, die Wertschätzung des andern vernachlässige. Wenn ich mich selbst zu wenig achte und wertschätze, hält mich auch der andere nicht für schätzens- und achtenswert. Selbstachtung und Selbstwertschätzung sind wichtige Pfeiler gegenseitigen Vertrauens.

»Ich hoffe auf dich für uns«

Der feste Grund des Vertrauens ist das Vertrauen aufeinander, das Vertrauen auf dich. Es ist ein personales Vertrauen und anders als das funktionale, das sagt: »Ich hoffe, daß du...« Dieses Vertrauen bleibt im Bereich des Kontrollierbaren stecken, im Bereich des Aufrechnens und Berechnens, des Du-schuldest-Mir ... Ich erwarte, daß du ... du mußt mir dankbar sein für ... So wird das Vertrauen dingfest, die Person tritt hinter eine erwartete Sache, eine Leistung, eine Funktion zurück. Aber auch dieses, mehr sachbezogene Vertrauen ist für das Zusammenleben in unserer Gesellschaft wichtig. Man muß verläßliche Vertrags- und Geschäftspartner finden, man bürgt mit seiner Unterschrift z.B. beim Vertrag zwischen Mieter und Vermieter, zwischen Geldleiher und Geldgeber, zwischen Verkäufer und Käufer; im internationalen Bereich zwischen den einzelnen Staaten. Vertrauens-Würdigkeit ist gegenseitig Bedingung.

Wo es jedoch um das Vertrauen geht »von Angesicht zu Angesicht«, von Person zu Person, wo man für andere unersetzbar, unverwechselbar, einmalig geworden ist, wird eine/r für den/die andere/en zum *Inhalt* seiner/ihrer Hoffnung. Denn Hoffnung ist auf Leben aus, das gelingen will. Nur im Vertrauen ist unsere Kreativität befreit, sich spielerisch zu entfalten und Unverhofftes, Nichterwartetes für unser gegenseitiges Glücklichsein hervorzubringen. »Ich hoffe auf Dich für uns« (Gabriel Marcel). Im hoffenden Anruf an einen anderen, und, sollte dieser antworten, schafft die Hoffnung etwas Neues in dieser Welt: Aus Du und Ich wird Wir (vgl. Peter Henrici)!

Spannung durch Veränderung

Dieses Wir bleibt nicht unangefochten. Es gerät in die Spannung der Veränderung durch die Veränderung jedes einzelnen. Nur wo jede/r im Aufbruch ist mit sich selbst, kann er/sie die Aufbrüche des anderen von einer Entwicklungsstufe zur nächsten gelassen zulassen. Nur in der Veränderung, die Wachstum bedeutet, kann ein Wir bleiben, kann es im gegenseitig immer neu zu erringendem Vertrauen Beständigkeit erreichen.

Jeder Mensch ist gefährdet, unsicher, schwach. Deshalb kann keine/r in letztgültiger Verläßlichkeit für sich und den andern bürgen. Insofern kann Vertrauen immer nur im gegenseitigen Hoffen aufeinander gelebt werden.

Unsere Hoffnung ist offen auf Gott hin. Der Christ lebt seine Hoffnung auf Vertrauen in dem Bewußtsein: Gott vertraut mir. Sein Vertrauen ist das Geschenk seiner Freiheit. Ich vertraue ihm; es ist mein Glück. Der Grund unseres Vertrauens auf Gott liegt darin, daß Jesus Christus unser Menschsein mit uns geteilt hat. Damit hat Gott selbst in ihm eine Lebens- und eine Leidensgeschichte: Er selber hat um das Vertrauen der Menschen gerungen; er ist dabei gescheitert. Trotz allem entzieht er uns sein Vertrauen nicht: »Er hat mich gerufen vom Mutterleib an; er hat meines Namens gedacht, da ich noch im Schoß der Mutter war« (Jesaja 49,1). »Ja, ich will euch tragen bis ins Alter und bis ihr grau werdet. Ich will es tun, ich will euch heben und tragen und erretten« (Jesaja 46,4). Diese Zusagen Gottes an uns appellieren an unser Gott-Vertrauen.

Treue als Lebenshoffnung

Treue hat Seltenheitswert. Für junge Menschen ist sie dennoch »ein Spitzenwert« (Peter Neysters). Viele von ihnen erleben aber das Scheitern der Treue in ihrem sozialen Umfeld, häufig durch die Scheidung der Eltern. Fernsehsendungen und Filme, die in Gefühl, Hirn und Herz von Kindern, Jugendlichen und der Erwachsenen einsickern, sind ehelicher Treue meist gegenläufige Wertvermittler. Treue als Lebenshoffnung bedarf der Stützung in unserer sozialen Umwelt. Aus ihr kommen dem einzelnen wichtige Impulse zu für die Klärung und Bildung der eigenen Lebenseinstellung, der Lebensziele und der Motive, die ihn in seinen wichtigsten Entscheidungen und Beziehungen leiten. Die Veränderungen in unserer Gesellschaft haben viele die Ehe stützenden Elemente außer Kraft gesetzt. Traditionen, die ehemals in überschaubaren Gemeinschaften treue-stabilisierend wirkten, sind durch den rapiden gesellschaftlichen Wandel verändert worden. Hatte früher der eheliche Zusammenhalt zum Beispiel auch darin einen wichtigen – wenngleich ambivalenten – Grund, daß im Fall einer Trennung die Frau brot- und heimatlos geworden wäre, so ist ihr heute durch Berufstätigkeit eine wirtschaftliche Unabhängigkeit möglich.

Verändertes Selbstverständnis

In den meisten Fällen sind heute Frauen die Initiatorinnen der Scheidung. Ihr verändertes Selbstverständnis, der ihnen bewußtgewordene Anspruch auf Entfaltung ihrer Individualität, auf qualifizierte Berufsausbildung, das Erwachen zu ihrer personalen Würde, der Wunsch und die tatsächliche Beteiligung am sozialen, kulturellen, politischen und kirchlichen Leben haben ihre frühere fast ausschließliche Familienorientiertheit verändert, erweitert. Viele Frauen empfinden es als Einschränkung ihrer Lebensmöglichkeiten, wenn sie sich nur der Familienarbeit widmen müssen. Auch sind zu sich selbstgekommene Frauen häufig nicht mehr bereit, eine Ehe zu führen oder weiter-zu-führen, in der sie ihren Anspruch auf eine sie befriedigende Beziehung verleugnen oder gar aufgeben müßten. Gerade Frauen haben einen immer größeren Anteil an einer Entwicklung, die von einer nur institutionellen, rein formalen, nur auf äußeren Interessen aufgebauten Treue hin zu einer auf personaler Liebe gründenden Beziehung tendiert. Die Humanwissenschaften haben dazu beigetragen, daß vor allem die kommunikativen, wahrnehmungssensiblen Fähigkeiten der Frauen in einer kaum dagewesenen Weise in den letzten Jahrzehnten gefördert wurden.

Dieser Entwicklung steht eine Stagnation vieler Männer gegenüber. Durch deren herkömmliche Fixierung auf Sach- und Funktionsorientiertheit haben wohl die meisten versäumt, in gleichem Maße wie die Frauen an dieser Daseinserweiterung teilzunehmen. Soll man Gründe für das Scheitern von Beziehungen angeben, ist es einmal ihr mangelnder Zugang zu den eigenen Gefühlen und die daraus folgende Unfähigkeit, über diese wie auch über innere, persönliche Erfahrungen zu reden. Zum andern kann man aus denselben Gründen bei Männern die Bereitschaft vermissen, die eheliche Beziehung zum Gegenstand – wenigstens dann und wann – von Partnergesprächen zu machen. Das heißt, man reflektiert zu wenig gemeinsam darüber, wie man sich selbst und wie sich der andere in der Beziehung erlebt. Mangelnde Kommunikation zwischen Mann und Frau führt zu Leere und Entfremdung. Viele Frauen ziehen es vor, eher allein zu leben als Beziehungsleere zu ertragen, die dazu angetan ist, die Selbstwerdung beider Partner zu verhindern.

Treue verlangt Selbstwerdung

Würde man aber auf Selbstwerdung verzichten, hieße das, die Treue zu sich selbst verletzen, den Eigenstand aufgeben, Selbstverantwortung nicht zu leben und sich den Wachstumsforderungen des Lebens verweigern. Gerade die Treue erfordert das Sich-Einlassen in die Wandlungen und Veränderungen des eigenen und des gemeinsamen Lebens. Treue als personale Zusage und gegenseitige Bejahung zweier Menschen ist ein Lebensunternehmen voller Spannung, voller Kampf, aber auch stetiger persönlicher Reifung. Wo letztere stagniert, höhlt sich Treue aus.

In keiner Beziehung bleibt die Treue ungeprüft. In jeder gibt es Konflikte, leichtere und auch schwere Krisen. Trotz tiefer Verbundenheit kommt es vor, daß einem der/die andere entkommt: Plötzlich bricht etwas in einem auf oder in einen hinein, was den andern in jähem Erschrecken fremd werden läßt. Alles stürzt zusammen, was an Wärme, Wertschätzung, Liebe, Hochachtung da war. Man sieht in solchen Augenblicken nur noch die Schwächen der/des andern. Es ist, als würde man jetzt erst sehend für die ganze Wirklichkeit des anderen Menschen. In solch überraschender Entfremdung, die auch eine Zeitlang anhalten kann, ist man anfällig für Untreue: für Verlockungen, die das Gewohnte in aufregend Neues einzutauschen versprechen, durch das Wuchern-lassen von beziehungsstörenden Gefühlen. Beides löst sich nur auf, wenn man darüber redet. Schweigen wir sie aber über längere Zeit in uns hinein – z.B. das Gefühl von Unverstandensein, von Unterdrückt- und Übergangensein, von Unbefriedigtsein – werden sich Mißtrauen, Abneigung, emotionale Kälte einstellen und sich in Haltungen auswachsen, die die Treue leicht zur Untreue geraten lassen.

In Prozessen von Ernüchterung und Enttäuschungen überschwemmen meistens Wut, aber auch Verlust- und Versagensängste Bewußtsein und Gemüt. Um Treuekrisen in unseren wichtigsten Beziehungen durchstehen zu können, bedarf es der Übung. Es ist die Arbeit an unserem Durchhaltevermögen in anderen alltäglichen Frustrationen, in denen wir nicht einfach die Flinte ins Korn werfen dürfen oder sollten. Es ist deshalb wichtig, sich täglich Impulsen gegenüber zu stabilisieren, die uns zu solchem Verhalten verleiten wollen. Denn in Beziehungskonflikten können sie uns zu Panik und zu rapiden Brüchen verführen. Manche, denen dies geschehen ist, haben erst nachher erkannt, wie tief ihre Lebenswurzeln dort verankert waren, woraus sie sich allzu unbesonnen herausgelöst hatten. Entbehrt aber eine Beziehung jeglicher Kraft für weiteres Zusammenleben, wirkt sie sich gar zerstörerisch aus, können Trennung oder Scheidung die einzige Treue sein, die man sich aus Respekt schuldet.

Treue als integrierende Kraft

Treue stabilisiert sich in der Verantwortung, die Menschen Tag für Tag füreinander übernehmen. Treue nimmt jeden Partner in die Pflicht für das Gelingen der Beziehung und des gemeinsamen Lebens. Jede/r schuldet dem andern, was man zum Leben braucht: Bejahung, die Achtung der Würde, Anerkennung der Freiheit des/der andern und des Anspruchs auf persönliche Entfaltung, gegenseitige Hilfe und Unterstützung. Und: An den Lasten des alltäglichen häuslichen Lebens muß jeder seinen Anteil übernehmen.
In allem bewährt sich die Treue als die integrierende Kraft sämtlicher, auch der gewöhnlichsten, Lebensvorgänge. So wird sie zur Hoffnung auf Lebenserfüllung. Jede/r gibt dem andern, jede/r nimmt vom andern. Jede/r nährt dadurch im andern die Hoffnung, daß er/sie in der Beziehung bleiben kann, daß man einander bleibt. Treue macht deutlich, und sie macht es wahr: Auf Hoffnung hin sind wir einander gegeben.

Tragender Grund der Treue

Die Hoffnung, treu sein zu können, zu sich wie auch zu einem andern verläßlich stehen zu können, hat ihren tiefsten Anker im Versprechen Jesu. Er hat uns seine Begleitung auf unserem Lebensweg verbindlich zugesagt: »Wo zwei oder drei in meinem Namen beisammen sind, da bin ich mitten unter ihnen« (Matthäus18,20). Wenn wir uns an dieses Versprechen, an die Zusage seiner Gegenwart unter uns erinnern, kann sie auch für uns wirksam werden. Dieses Wort verweist uns unter das Angesicht Gottes. Von Gott her können Partner neue Maßstäbe gewinnen zur Klärung ihrer Beziehung und ihrer Gefühle, wenn sie in Konflikte geraten sind oder in Krisen stecken. Im Glauben an den unsichtbaren Dritten in ihrem Bund können sie die Freiheit zum Vergeben finden. Sie können wieder neu anfangen »mit Gottes Hilfe«. Sie können zu einer neuen persönlichen und gemeinsamen Identität finden.

4

Bedrohte und zerbrochene Hoffnungen

NUR DER HOFFNUNGSLOSE
FINDET SICH AB MIT DEM, WAS IST,
UND MIT DER ART, WIE ES IST.
WER ABER HOFFNUNG HAT,
SIEHT VOR SICH NEUE MÖGLICHKEITEN,
WIE ES ANDERS WERDEN KANN.

JÜRGEN MOLTMANN

Ent-täuschte Hoffnungen

In unseren Hoffnungen leben Wünsche, Erwartungen, Träume, Vorstellungen, wie etwas Zukünftiges sich ereignen solle und könne. Wir sind enttäuscht, wenn es so nicht eintrifft, wie wir es uns gedacht und gewünscht haben. Meist sind enttäuschte Hoffnungen mit mehr oder weniger starken Gefühlen verbunden. Wir sind zornig, wütend, traurig. Wir jammern, klagen, klagen an, wir kritisieren, suchen Sündenböcke. Manchmal lassen wir uns auch in eine resignierte Stimmung fallen. Enttäuschungen bringen das Bedürfnis mit sich, über das zu reden, was einem daneben gegangen ist, zu berichten, welche Hoffnungen zerbrochen sind. Wer sich ausspricht, wird die Realität besser sehen, vielleicht zur Einsicht kommen, daß seine Erwartungen an einen Menschen oder eine Situation unrealistisch waren. In unseren Erwartungen stecken immer auch unbewußte Wünsche, die unseren blinden Fleck wirksam machten, der uns nicht klar sehen und denken ließ. Ent-täuschung folgt meist einer Selbsttäuschung. In manchen Fällen ahnten wir zwar schon, daß irgend etwas an einer Sache oder in einer Beziehung nicht stimmt. Aber wir wollten es nicht wahrhaben. Jetzt müssen wir, von der Realität eingeholt, unsere Illusion aufgeben. Wir werden des-illusioniert. Auch wenn wir es nicht wahrhaben wollen. Solche Ent-täuschungen helfen uns. Sie machen uns wirklichkeitsbezogener, vorsichtiger, selbstkritischer und wachsamer.

Angefochtene Hoffnung

Tägliche Übung der Hoffnung

Von Geburt an sind wir mit Hoffnung ausgestattet. Doch ist sie nicht unangefochten, sondern verletzbar wie das Leben selbst. Das erfahren wir schon in den kleinen Dingen des Alltags. Während ich schreibe, meine Gedanken über die Hoffnung zu Papier bringen will, befinde ich mich selbst in der Situation angefochtener Hoffnung. Viele Anfänge habe ich schon gestartet, angezweifelt und verworfen. Und ob der eben begonnene bleiben wird, wird sich erst zeigen. Wir brauchen den mit der Hoffnung gegebenen Mut und den Willen, nicht aufzugeben, um zu einem Ziel zu kommen. Diese tägliche Übung unserer Hoffnung, läßt sie zur Tugend werden, zu der unser Leben tragenden Kraft. Würden wir aber kleinmütig und risikoscheu vor den Aufgaben und Forderungen des Lebens kapitulieren, ihnen ausweichen, schwächten wir diese Kraft, da wir so mit unserer Hoffnung zu wenig oder keine entscheidenden Erfahrungen machen.

Stets gefährdete Hoffnung

Trotz einer stabilen Hoffnungsgestimmtheit, die uns zeitweilig gegeben sein mag, ist unsere Hoffnung stets gefährdet. Eine mir bekannte, schon wochenlang an einer schmerzhaften Krankheit leidende Frau, hofft jeden Abend, daß sie am andern Tag mit weniger Schmerzen und gesünder aufwachen werde. Vergeblich. Ihre Hoffnung am Abend, sagt sie, fällt durch die Enttäuschung am Morgen zusammen. Solche Zusammenbrüche unserer Hoffnung können uns jederzeit passieren. Sie können uns mehr oder weniger lähmen – oder unser »Trotzdem« herausfordern.

Angefochten wird unsere Hoffnung auch angesichts bitterer Armut vieler Menschen, der fürchterlichen Kriege, des damit verbundenen Flüchtlingselendes. Die Problematik der Entwurzelung von Millionen von Menschen aus ihrer angestammten Heimat und Kultur, die Eingliederung in fremde Sprachwelten und Gesellschaften bringen große Probleme mit sich. Erschreckend und furchterregend, ebenso unverständlich und unbegreifbar bleibt die Tatsache, daß Menschen immer wieder und wieder andere Menschen auf schrecklichste Weise foltern und töten. Täglich haben wir solche Bilder vor Augen in Zeitungen, auf dem Bildschirm. Flüchtlinge aus fernen und aus nahen Ländern; Asylbewerber, die nach Monaten des Hoffens und Wartens ausgewiesen werden. Erloschene Hoffnungen in den Augen von Millionen von Straßenkindern in Lateinamerika, in Moskau, Rumänien und auch bei uns. Immer mehr Wohnungssuchende, immer mehr Obdachlose, Arbeitslose, Verzweifelte ohne Perspektive zum Weiterleben …

Hoffnungsimpulse empfangen und geben

Die Gefahr der Resignation ist groß. Viele fragen sich, was zu tun sei. Manche sagen sich, mein Arm ist zu kurz, meine Hände zu schwach, mein Einfluß zu gering, mein Geldbeutel zu schmal, als daß ich verändern könnte, was solche Ausmaße angenommen hat. Nicht wenige aber tun dennoch, was sie von ihrem Platz aus und mit ihren Möglichkeiten tun können. Sie glauben an die Wirkung des Tropfens auf den heißen Stein und arbeiten an irgendeiner sinnvollen Sache mit anderen zusammen. Daher erleben sie Verbundenheit und Solidarität, bleiben dem Pulsschlag des Zeitgeschehens nahe und empfangen Hoffnungsimpulse in ihrer nächsten Umgebung. Wer abseits steht oder sich gar isoliert, verliert leicht die Hoffnung, besonders in unserer Zeit mit ihren komplexen Problemen.

Eine Frau berichtete am Ende eines Gottesdienstes, sie fahre demnächst mit ihrem Sohn nach Tschechien. Sie unterstütze die Caritasarbeit, die nach der Wende dort noch ganz in den Anfängen stecke. Viele Bekannte hätten ihr Kleider, Schuhe, Geschirr, kleinere Möbel, Kühlschränke und anderes gebracht. Ob nicht auch in diesem Kreis für ihre Aktion etwas zu erwarten sei. Diese Anfrage ließ viele aktiv werden. Die Frau mußte daraufhin einen größeren Lastwagen mieten, um alles mitnehmen zu können, was man ihr brachte. In Tschechien organisierte sie mit dortigen Caritashelferinnen einen Flohmarkt, so erzählte sie beim nächsten Gottesdienstkreis. Die Sachen wurden billig verkauft und die Leute waren verwundert und dankbar zugleich. Den Erlös aus dem Verkauf übernahm die Caritas für weitere Hilfsaktionen. So wurde vielen geholfen. Das Engagement einer einzigen Frau zog weite Kreise. Kreise der Hoffnung. Nur wer mitmacht, dabei ist, erlebt solches.

Seit Jahren, am ersten Freitag im März, beten weltweit Frauen aller christlichen Konfessionen miteinander. Sie geben ihr Geldopfer beim Gottesdienst und bündeln so die bescheidenen Gaben der einzelnen zu einer wirksamen Hilfe für Frauen in sogenannten Drittweltländern. Daraus sind viele Projekte entstanden u.a. für die Weiterbildung von Frauen, die ihrerseits wieder andere Frauen weiterbilden in Dörfern, Wohngebieten, Slums. Das Echo, das ein solch informiertes, hoffendes, schwesterliches Beten, Mitsorgen und Helfen auslöst, zeigt folgender Brief aus Argentinien (veröffentlicht im Gebetstext für den Weltgebetstag 1993): »Wir hatten am 12. Juni ein Treffen mit den Frauen des Projekts, wo wir ihnen Ihre positive Entscheidung (mit einer Spende aus dem WGT-

Fonds zu helfen) offiziell mitteilten. Anwesend war auch die Lokalzeitung … Die Freude und den Jubel kann ich kaum beschreiben. Alle lassen Sie und Ihre Mitarbeiterinnen grüßen, senden Euch Küsse, Umarmungen, Händedrücken und was man sonst noch so sagt, wenn das Herz aus Dankbarkeit überläuft …« Dieser Brief ist nur ein Zeugnis dafür, daß Gebet, gute Wünsche, Gedanken, Gaben selbst über den Ozean hinweg ihre Wirkung haben. Und: daß wir mitverantwortlich sind für die Hoffnung der Armen und Unterdrückten. Wenn wir dafür – wenn auch in der bescheidensten Weise – tätig werden, sehen wir das Wunder der Hoffnung in einer von Gewinnsucht, Korruption und Haß zerrütteten Welt. Wir können uns entscheiden, auf welche Seite unsere Lebensenergien fließen sollen.

Weil unsere Hoffnung nicht unanfechtbar ist, brauchen wir immer wieder die Erfahrung, daß jede kleinste Tat der Menschlichkeit ihre Wichtigkeit, ihren Sinn, ihr Gewicht und ihre Bedeutung in sich hat. Ein wenig Glück schenken, jemandem aufmerksam zuhören, aus einer Verlegenheit helfen … So handelt, wer hofft.

Falsche Hoffnungen

Sich von Hoffnungsmachern täuschen lassen

Manchmal, wenn unsere Hoffnungen zusammengefallen sind wie ein Kartenhaus, denken wir darüber nach, an welche Versprechen wir unsere Hoffnung gehängt haben. Wir entdecken dabei, daß wir verführt worden sind. Im Hoffen sind wir verführbar. Wir lassen uns Hoffnungen machen. Darauf baut die Werbung. Wer hätte nicht schon, die inneren War-

nungen überhörend, gehofft, daß irgendein Modeartikel uns
zu einem attraktiveren Körper, zu einem anziehenderen Aus-
sehen, zu einem weiß nicht was für einem tollen oder exo-
tischen Genuß, zu einmaligem Wohlbefinden, zu mehr Ansehen verhelfen würden. Wir lassen uns tatsächlich
Hoffnungen machen und aufs Glatteis führen, kaufen Hoffnung ein. Zu welchem Preis? Nicht etwa, daß wir uns dabei
selbst verwirklichen, wie uns vorgemacht wird. Nein. Wir
versäumen vielmehr, uns selbst ins Spiel zu bringen: unseren
kritischen, skeptischen, prüfenden, nüchternen Verstand, unser gesundes Selbstwertgefühl und unser Selbstvertrauen. Ir-
gendwer macht uns vor, daß wir nicht ganz in Ordnung seien,
wenn wir dies nicht kaufen, jenes nicht tun. Oder man
verspricht uns, mit irgendeiner Ware problemloser, besser zu
leben. In Wirklichkeit leben wir dann nach den Maßstäben,
die andere – oft nur ihres Profites wegen – für uns aufstellen.
Auch gibt es bestimmte Trends, die sich alle paar Jahre die
Hand reichen. Sind die Illusionen, die sie verheißen, geplatzt,
kommt schon eine andere durch die Tür oder auf die
Fernsehscheibe. Da wird suggeriert, du kannst mit dieser
oder jener Methode, mit diesem oder einem anderen Mittel
deine Probleme wegdenken oder sie zumindest ohne weitere
Anstrengung lösen. Aber so einfach geht vieles nicht, wie
verharmlosende Hoffnungsmacher uns einreden wollen. Spä-
testens dann, wenn wir genug Geld und Zeit investiert haben,
merken wir, daß wir noch am gleichen Punkt wie vorher
stehen.

Enttäuschung religiöser Hoffnungen

In unserer Gesellschaft werden die unterschiedlichen Lebens-
auffassungen und Lebensformen angepriesen, so viele Zuge-
hörigkeiten und Identifikationen sind möglich, daß der

einzelne sich manchmal nur schwer ein Urteil bilden und sich entscheiden kann. Das gilt auch für die »religiöse Szene«. Meditationspraktiken aller Art, Gruppen und Gruppierungen mit verschiedenster Spiritualität, auch Sekten bieten sich dem einzelnen an, manche mit mehr oder minder subtiler Aufdringlichkeit. Viele Christen fühlen sich in anonymen Großgemeinden oder unpersönlichen Gottesdiensten nicht mehr zu Hause. Durch andere Enttäuschungen sind viele an ihrer Kirche müde geworden: Frauen, weil nur Männer das Sagen haben, lebenswichtige Entscheidungen ohne und über sie treffen, sie mit Begründungen, die nicht dem Evangelium entsprechen, aus den kirchlichen Ämtern ausschließen. Wieder andere sind enttäuscht, weil kirchliche Moralvorstellungen dem Leben zu wenig gerecht werden, der Erfahrung der Menschen zu wenig Raum lassen, die Eigenverantwortung vor Gott zu sehr einschränken. So begeben sich viele Menschen auf die Suche nach religiöser Beheimatung anderswo. Zahlreiche geistliche Bewegungen innerhalb der Kirchen kommen dieser Suche zwar hilfreich entgegen, vermögen die Zugehörigkeit zur bisherigen Glaubensgemeinschaft zu erhalten. Aber viele lassen sich in einem Zustand religiösen Vakuums auch von Gruppen ansprechen, die weniger die religiöse Entwicklung der Menschen als vielmehr ihren materiellen Gewinn und die zahlenmäßige Zunahme ihrer Organisation im Auge haben. So wurden in vielen Menschen Hoffnungen auf religiöse Beheimatung geweckt, die dann bitter enttäuscht wurden. Da ist die Frage nicht unberechtigt, ob die Betroffenen sich vorher über ihre geistigen und geistlichen Bedürfnisse im klaren waren. Berichte zeigen, wie schwer es sein kann, aus manchen Sekten wieder herauszukommen. In ihnen wurden Menschen auf einen Weg geführt, der sie von sich selbst und ihren bisherigen Beziehungsfeldern völlig entfremdet hat.

Enttäuschung politischer Hoffnungen

Auch im politischen Leben kann es uns passieren, daß wir uns durch falsche Hoffnungen verführen lassen. Das gilt z.B. für Wahlversprechen, die Information und geistige Auseinandersetzung zur Überprüfung des Versprochenen unerläßlich machen. Wir bleiben verantwortlich für unsere politischen Hoffnungen, auch dann, wenn wir selbst kein politisches Mandat übernommen haben. Vergangenheit und Gegenwart zeigen uns, wie viele berechtigte Hoffnungen der Menschen durch Machtträger zerstört wurden: durch Gewinnsucht, Beugung des Rechts, Ausbeutung, Verschwendung, durch Korruption und durch Mißachtung der Menschenwürde.

In unserem eigenen Land und in den letzten 70 Jahren in den Ländern Osteuropas haben wir erlebt, wie gefährlich politische Ideologien sind. Vor allem jene, die sich als besonders progressiv und zukunftsweisend anpreisen. Jede, auch religiöse, Ideologie ist in der Gefahr, zum geschlossenen System zu werden, in dem die Lebenshoffnungen der Menschen keinen Platz haben und abgewürgt werden. In allen ideologischen Systemen und unter diktatorischen Machtapparaten hat die Hoffnung auf ein menschenwürdiges Gemeinwesen nur die Chance, in Kellern, Hinterzimmern, im Untergrund, und im Gewissen des einzelnen zu überleben.

Menschen, die ihre Verantwortung für politisches Mitwirken erkannt haben, leisten bisweilen Widerstand gegen das Bestehende. Die Hoffnung auf politische Veränderung ist der Beweggrund, daß sie sich manchmal unter Einsatz ihres Lebens formieren zu einem mit Gewalt herbeigeführten Machtwechsel. Oder zu einem gewaltlosen Widerstand, der auf die Macht brennender Kerzen vertraut. Beide Formen des politischen Widerstands haben wir in unserem Volk erlebt; am 20. Juli 1944 und im Herbst 1989. Immer wieder hat sich in der Geschichte der Völker nach Unterdrückung, Zerstörung, Krieg und Zerfall die Hoffnung aufgerichtet gegen Trostlosigkeit und Resignation.

Zerbrochene und verratene Hoffnungen

Durchkreuzte Pläne

Die enttäuschten Hoffnungen haben ihren je eigenen Härtegrad. Alltägliche Enttäuschungen haben wir gelernt hinzunehmen, wir leben mit ihnen. Anders ist es, wenn Schicksalsschläge uns ereilen, uns den Boden unter den Füßen wegziehen. So, wenn jemand seinen Arbeitsplatz verliert, seinen Lebenspartner durch Tod oder Scheidung verabschieden muß; oder, wenn die Familie durch Krieg, Flucht oder Katastrophen auseinandergerissen wird und so alle Pläne zerschlagen sind, jede Zukunftsaussicht plötzlich weg ist. Nach solch schicksalhafter Durchkreuzung von Lebensplänen und Lebenshoffnungen müssen oft äußere Gegebenheiten völlig umgepolt, neue Beziehungen geknüpft und aufgebaut, berufliche Möglichkeiten gesucht, entdeckt, und gewagt werden. Manchmal wird dabei eine ganze Familie entwurzelt. Ein Umzug in eine andere Stadt, gar in ein fremdes Land kann nötig werden, um eine neue Lebensgrundlage zu finden. Auch innere Schwierigkeiten können sich dabei einstellen. Minderwertigkeitsgefühle, die man überwunden glaubte, können plötzlich wiederkehren, die Initiativkraft lähmen, den Glauben an die eigenen Fähigkeiten und die eigene Person in Frage stellen. Solche psychischen Blockaden kön-

nen sich noch damit verbinden, daß die mitbetroffenen
Mitmenschen die entstandene neue Situation nicht mittragen
wollen oder können.

Wir enttäuschen einander

Eine Härte besonderer Art bringen jene enttäuschten Hoffnungen, die mit Menschen zusammenhängen, die wir schätzen, denen wir vertrauten, die wir lieben. Enttäuschungen
sind in mitmenschlichen Beziehungen unvermeidlich. Zwar
liegt der Reichtum, das Sinnstiftende gerade im Anderssein,
im Je-So-Sein der Menschen. Es macht die fruchtbare und
kreative Spannung zwischen den einzelnen aus. Diese kann
aber auch zur Zerreißprobe werden, ja, das Zerreißen von
Beziehungen mit sich bringen. Schließlich hat jeder Mensch
seine eigene Lebens- und Lerngeschichte. In ihr haben sich
Kommunikations- und Reaktionsmuster gebildet. Auf ein
und dieselbe Sache reagiert jeweils jeder Mensch anders.
Allein diese ganz einleuchtende Tatsache bringt oft die
überraschendsten Konflikte hervor, in denen zwei Menschen
aneinandergeraten, einander verletzen, einander das Vertrauen entziehen, einander nach-tragen, was sie nicht verstehen können oder wollen. Oft richten sich die Menschen
in solchen Vorgängen ganz unbewußt nach erlernten Verhaltensweisen aus der Herkunftsfamilie. Alte Kindheitsmuster
werden reaktiviert. Wenn sie aus nicht reflektierten und
nicht aufgearbeiteten Verletzungen resultieren, sind sie meist
der neuen Situation nicht angemessen. Neue Verhaltensweisen zu erlernen, die der eigenen Partnerschaft und der
jetzigen Familiensituation entsprechen, ist zwar mühsam,
aber unerläßlich. Auch die gegenseitigen Erwartungen müssen überprüft werden. Denn oft erwartet man Dinge, die
ein anderer gar nicht geben kann. So etwas wie den To-

talanspruch auf die Freiheit und die Intimsphäre des andern, muß man aufgeben. Sonst schränkt man sich gegenseitig dermaßen ein, daß ein Ausbruch aus solch geistigem Gefängnis schon vorbereitet ist. Gleich um welche Beziehung es sich handelt.

Heute ist der PartnerInnenwechsel nichts Außergewöhnliches. Auch wenn man kein Urteil über eine einzelne Beziehung fällen kann, läßt sich doch die Tendenz beobachten, daß manche zu schnell und schon bei geringfügigen Konflikten das Handtuch werfen. Längst bevor die bewußte gemeinsame Bemühung, vielleicht mit Hilfe eines berufenen Dritten, begonnen wurde, trennt man sich. Hört man Menschen zu, die schon mehrere Partnerschaften hintereinander lebten, erzählen sie nicht nur, wie interessant und herausfordernd diese waren. Man vernimmt auch, wie schmerzlich die jeweiligen Trennungsphasen erlebt wurden. Ein Bodensatz von Traurigkeit schwingt mit. Enttäuscht werden, sich verletzen, einander wehtun, sich versöhnen, neu anfangen, das ist der sich immer wiederholende Prozeß des Miteinanderlernens, des Miteinanderlebens. Nicht von heute auf morgen kann man akzeptieren, daß auch in schmerzlich erlebten Konflikten Kraft steckt, daß auch sie intensives Leben sind. Oft reißen sie uns aus den Gewohnheiten heraus und zwingen uns, wach zu werden für uns selbst und für die andern. Plötzlich sehen wir deutlicher, wer wir sind, sehen, was wir getan und versäumt haben. Wir sind gezwungen, unsere eigene Wahrheit und die des/der andern wahrzunehmen. Solche Prozesse der Katharsis, der Reinigung und Läuterung erneuern unsere Motive und vertiefen die Beziehung, wenn man bereit ist, zu lernen und sich zu verändern. Beides ist nur möglich durch gegenseitiges Vergeben. Darin kann dann das Gemeinsame, das Verbindende wieder wahrgenommen werden. Störendes wird deutlicher erkannt und kann künftig eher vermieden werden. Schließlich lernt man, sich mehr zu tolerieren, auch mit »Ecken und Kanten«.

Beziehungen haben ihre Gezeiten, ihren Auf- und Ab-Rhythmus, in dem Ernüchterung, Entfremdung durchgestanden und das Sich-wieder-Finden erlebt wird. Eine Hoffnungsfrucht aus solchen Prozessen wäre der Gewinn von mehr Verläßlichkeit.

Zerreißproben

Doch kann auch Trennung notwendig werden: Dort, wo man trotz wiederholter, oft jahrelang praktizierter Versöhnungsarbeit nicht mehr zu einer zufriedenstellenden und vertrauentragenden Beziehung kommt. Wenn Streit und Kampf, gegenseitige Erniedrigung und böswillige Mißverständnisse an der Tagesordnung sind, muß man auseinandergehen, bevor man einander vollends zerstört hat. Zeitweilige Distanz oder endgültige Trennung können dann die einzige Lösung sein.

Wir verletzen einander tief

Fast tödlich aber wirken jene enttäuschten Hoffnungen, die als Verrat empfunden werden müssen: wenn einer der beiden Partner das Vertrauen verrät, die Treue bricht durch Hintergehen des anderen, durch Lügen, Heimlichkeiten. Solches Verhalten wird als tiefe persönliche Verachtung erlebt. Denn ein Mensch wird dort am tiefsten verletzt, wo er sein Vertrauen vorbehaltlos gegeben hat, Selbstvertrauen und Selbstwertgefühl, zu deren Stärkung und Aufbau die Liebe eines geliebten Menschen wesentlich beigetragen hat, können so hart getroffen werden, daß sich Liebe und Zuneigung plötzlich in Haß verwandeln. Und Haß kann vorübergehend die einzige Energie sein, die jemanden solchen Verrat überleben läßt.

Nur mit viel Geduld kann die Hoffnung auf eine mögliche
neue Beziehung wieder aufgebaut werden. Das geht in den
seltensten Fällen ohne vertrauenswürdige Mitmenschen, die
den Betroffenen helfen, den Glauben an sich selbst wieder
zurückzugewinnen. Erst wenn man freigeworden ist von
Haß, Vergeltungswünschen und starrer Unversöhnlichkeit
ist man für eine neue Beziehung wieder fähig. Nähme man
all diese starken negativen Gefühle mit in eine neue Partnerschaft, gefährdet man sie. Man ist nicht sicher davor, alte
Verhaltensmuster und Gefühle auf die neue Beziehung zu
übertragen. Dann können die Belastungen erheblich werden
und das Gelingen in Frage stellen. Deshalb gilt es, sich stets
gut zu prüfen, sich zu fragen, ob man dem neuen Partner
angemessen gerecht werden kann; oder ob man ihn mit dem
früheren identifiziert. So wäre man blind dafür, daß er/sie
ja ein ganz anderer Mensch ist.

Kinder im Riß der Beziehung

Vergessen werden dürfen die Kinder nicht, die durch den
Bruch der Lebensgemeinschaft ihrer Eltern entweder mutter-
oder vaterlos werden. Wenn das Eheband gerissen, zerrissen
ist, leben die Kinder in diesem Riß. Sie wohnen bei dem
einen Elternteil und besuchen den andern. Ob sie das
unbeschadet aushalten und verarbeiten können, kommt weithin auf eine – trotz früherer tiefer Kränkungen – versöhnliche
Haltung der Eltern an. Sollten sie es schaffen, Begegnungen
zustande zu bringen, in denen der Respekt und die Achtung
voreinander nicht verletzt werden, könnte das ein Lebens-
und Lernfeld für Kinder werden. Das würde unter anderem
auch bedeuten, daß die Kinder ihren Vater nicht ausschließ-

lich im Konfliktspiegel ihrer Mutter sehen müssen und umgekehrt. Damit könnte ihnen mancher Folgeschmerz der Trennung ihrer Eltern erspart werden. Schließlich ist ihre soziale Lerngeschichte mitentscheidend dafür, ob in ihnen das Vertrauen und die Hoffnung auf eine spätere Bindung stark werden kann. Eine beschädigte Selbstachtung und die Angst, nicht liebenswert zu sein, könnte durch Identifikation des Mädchens mit der vom Vater verlassenen Mutter die Folge sein. Ebenso gilt das für männliche Kinder, wenn die Mutter den Vater verläßt. Wenn solche Schädigung aus dem Elternschicksal mit ins Leben genommen würde, wäre das auf jeden Fall eine seelische Behinderung.

Willkommensein vermitteln

Kinder brauchen im Lauf ihrer Entwicklung viele Identifikationen. Sie finden diese im Umfeld vielerlei Beziehungen. Außer Freundschaften mit Gleichaltrigen brauchen sie Onkel, Tanten, Großmütter und Großväter. Unter den Freunden der Mutter, des Vaters sollten Kinder jene Freundlichkeit und Zuwendung finden können, die sie ermutigt, sich selbstvertrauende und selbstbewußte Menschen zu werden. In unserer Gesellschaft gibt es mehr und mehr Kinder aus getrennten und geschiedenen Ehen. Kinder, die verletzt oder psychisch geschädigt sind durch die miterlebten Elternkämpfe. Sie brauchen in ihrer unmittelbaren wie auch in der weiteren Nachbarschaft und Umwelt Aufmerksamkeit und eine Atmosphäre der Zuneigung. Damit könnte manchem Kind, das unter Verlassenheitsängsten und -gefühlen leidet, ein Gefühl der Beheimatung und des Willkommenseins in dieser Welt vermittelt werden.

Gottesenttäuschungen

Wie kann Gott mir »das« antun

Hoffnungen, in denen wir uns von Gott enttäuscht sehen, betreffen alle Dinge, die wir zum Leben brauchen; alle Menschen, die wir lieben und deren Lebensschicksal uns am Herzen liegt. Sie sind der Inhalt unserer Hoffnung und daher Inhalt unserer Bitten an Gott. Wir beten darum, daß die Kinder und auch die Partnerschaft gedeihe; daß der Arbeitsplatz und die Gesundheit stabil bleiben; daß wir eine Wohnung finden; daß wir unsere wahre Identität finden, unserer innersten Mitte gemäß leben können; daß wir unsere Begabungen entfalten dürfen.

Viele Dinge erhoffen wir nicht von Gott. Wir erarbeiten sie uns. Wir strengen uns an. Selbst erreichen wir vieles. Wo wir aber an die Grenzen unserer eigenen Fähigkeiten und Möglichkeiten kommen, rufen wir Gott zu Hilfe. Wir erinnern uns vielleicht der Worte, die uns vertrauen lassen, daß Gott uns erhört: »Ich höre den, der nach mir schreit« (vgl. Psalm 91,15) oder wir verlassen uns auf die Aufforderung Jesu: »Bittet und ihr werdet empfangen …« (Matthäus 7,7), »Werft all eure Sorgen auf den Herrn« (1 Petrus 5,7). Und wenn wir gerufen haben, gebetet bei Tag und bei Nacht, in Gebetsstunden, Gottesdiensten, Wallfahrten … und das Kind dennoch starb, der Krebs den geliebten Menschen dennoch zerstört hat, die Arbeitsstelle doch verloren ging … Dann sagen und klagen wir: »Wie kann Gott das zulassen!« Das ist eines der häufigsten Worte, mit denen wir unsere Gottesenttäuschungen ausdrücken. Wir sind voller Vorwürfe. Vielleicht auch voller Hader gegen den Gott, der hätte helfen können.

Auf welchen Gott hoffen wir?

Hoffen wir auf Gott als Gott?, »den niemand je gesehen hat« (Johannes 1,18)? Oder hoffen wir auf den Gott, von dem wir uns ein Bild gemacht haben, machen ließen? Auf einen Gott, den wir für unser Wünschen und Planen in Anspruch nehmen können, da er uns »schuldet«, was wir erhoffen? Auf einen Gott, der uns vor alltäglichen Schwierigkeiten bewahren soll?

Was für ein Gott wäre das, den wir durch Gebete, Opfer, Stiftungen u.a. in die Enge unseres Planens und Machens zwingen könnten! Er wäre nicht Gott, wenn er genau so wäre, wie wir ihn denken.

Durch den Propheten Jeremia läßt Gott uns ein ausdrückliches Hoffnungswort sagen, das unser Vertrauen auf ihn auch dann rechtfertigt, wenn unser Gebet nicht erhört wird. Es heißt: »Ich kenne meine Pläne, die ich für euch habe, Pläne des Heils und nicht des Unheils, denn ich will euch Zukunft und Hoffnung geben« (29,11). Ein anderes Prophetenwort läßt uns aufhorchen, als stecke darin für unsere Fragen eine Antwort: »Meine Gedanken«, heißt es dort, »sind nicht eure Gedanken und eure Wege nicht meine Wege. So hoch der Himmel über der Erde ist, so hoch erhaben sind meine Wege über eure Wege und meine Gedanken über eure Gedanken« (Jesaja 55,8-9). Bei aller Zuversicht, die wir Gott entgegenbringen, bleibt er uns in seinen Gedanken und Wegen, seinem Handeln – vor allem in seinem *Schweigen* –, auch sehr fremd, sehr fern.

Der gelähmte Sohn

Dieser Tage bekam ich den Brief einer Frau, deren Leben von schmerzlichen Schicksalsschlägen gekennzeichnet ist. Immer, wenn sie sich von dem einen Schlag erholt hatte, kam bald darauf schon der nächste. Vor einiger Zeit wurde nun noch der einzige, längst erwachsene, hochintelligente Sohn durch eine Lähmung so krank, daß er kaum mehr reden, sich nicht mehr bewegen konnte, und von seiner Mutter völlig abhängig wurde. Sie, die gehofft hatte, daß sie als Sechzigjährige von Aufgaben frei wäre, ist jetzt wieder gebunden an den pflegebedürftigen Sohn. Trotz der kleinen Fortschritte, die seit der Lähmung zu sehen sind, schreibt sie: »Ich kann noch nicht zusammenhängend ein paar Tage fort, besonders nicht am Wochenende. ... ich habe keine Ruhe, wenn ich nicht weiß, wer ihn versorgt. Ich glaube, daß ich innerlich nicht so weit bin, mit Gott so zu reden wie früher. Dafür hat er mir zuviel angetan.« So drückt die Briefschreiberin von heute ihre Gottesenttäuschung aus. Während der Psalmist von damals es mit diesen Worten tut: »Wach auf, warum schläfst du, Herr? Wach auf, verstoß uns nicht für immer! Warum verbirgst du dein Antlitz? Warum vergißt du unsere Not und unsere Bedrängnis? Unser Leben zerbröckelt zu Staub, wir liegen mit dem Bauch auf der Erde. Steh auf, komm uns zu Hilfe, kaufe uns frei um deiner Treue willen« (Psalm 44,24-27).

Die Worte der Frau und die des Psalmisten machen die persönliche Bindung beider Menschen an Gott deutlich. Diese Bindung »ist zwar durch die Erfahrung der Gottferne erschüttert, aber von keiner Seite aufgekündigt« (Erhard S. Gerstenberger). Beide halten auch in ihrer Enttäuschung, ähnlich wie der leidende Hiob im Alten Testament, an Gott fest.

Anders erhört

Gehört es nicht zu unseren Gotteserfahrungen, daß uns das Rufen und Beten zu Gott schon geholfen hat, wenn auch ganz anders, als wir es erbetet hatten? Da fanden wir einen

»anderen Gott«. – Einen Gott, der zwar unsere Not nicht verhinderte und unsere Lage nicht veränderte; wir fanden einen Gott, der *uns* veränderte. Wir bekamen eine Kraft, die wir vorher nicht hatten, z.B. zur Pflege unseres behinderten Kindes, des verunglückten Ehemannes, der lange Jahre bettlägerigen Frau. Wir fanden trotz aller Schwierigkeiten tiefen Frieden und Trost. Wir fanden ein neues Vertrauen in der Ahnung eines Sinnes und glaubten, daß Gott um ihn weiß. So wurde uns eine neue Beziehung zu Gott geschenkt, in der sich die alten Vorstellungen, wie er uns zu erhören habe, ablösten wie Nußschalen von ihrem Kern. Dabei erfuhren wir uns selbst in einer neuen Dimension, die uns vor unserer Leiderfahrung verschlossen war. Wir gelangten in eine Tiefe, in der uns eine, seine, Gegenwart auf unsagbare Weise berührte. Gott nahm uns das Dunkel nicht weg. Wir fanden aber genug Licht, um nicht verzweifeln zu müssen. Er war wirklich unser Halt, unsere Rettung. Allmählich kamen wir zu einer neuen Freiheit. In ihr spürten wir etwas von der Ganzheit unseres Wesens: Tief in unserem Innern erfuhren wir uns als unverletzbar; als anders behütet als in schon erlebten anderen Geborgenheiten. So kann Leid uns zum Heil, zum Heil-Werden führen.

Gott an der Grenze des Sagbaren

Selbst Jesus, der Sohn, »mußte durch Leiden Gehorsam erlernen« (Hebräer 5,8). Wie wir mußte auch er durch Leiden in das Geheimnis Gottes hineinreifen. Wenn er sich, seiner Verkündigung und seiner Sendung treu bleiben wollte, blieb ihm in der damaligen politischen und religiösen Situation nur der Tod am Kreuz. Als ihm am Ölberg die Angst blutigen Schweiß aus der Haut preßte, als seine Freunde schliefen und ihn mit seinen Fragen und Zweifeln allein ließen, als er seinen Gott wissen ließ, daß er nicht sterben will – »Laß den Kelch an mir vorübergehen ...« (Matthäus 26,39) –, als er so zu Gott betete und zu Gott schrie, wurde er *so* nicht erhört. Aber ein Engel kam und stärkte ihn. Diese Stärkung brachte ihm die klare Erkenntnis seiner eigensten, innersten Intention, die ihn vor der letzten Konsequenz, die sich aus seinem Leben und Tun ergab, nicht ausweichen ließ, sondern ihn bereit machte, sie auf sich zu nehmen. In der Erkenntnis seiner eigenen tiefsten Absichten und Motive fand er zugleich den Willen des Vaters. Nämlich: ihrer beider Liebe zu uns Menschen im Äußersten zu bekunden. Darin waren beide eins. In der Mitteilung seiner Liebe zu uns kam Gott in Jesus an eine Grenze: an die Grenze des Sagbaren, an die Grenze der Worte, an die Grenze des Handelns. Nach all dem Getanen und Gesagten konnten sie ihre Liebe zuletzt nur noch radikal verleiblichen; im Gekreuzigtwerden und im Sterben Jesu.

Im Einssein des Vaters mit dem Sohn hat Gott selbst gelitten. Er hat erlitten, was Menschen Menschen antun (vgl. Wilhelm Bruners). In Jesus hat Gott unsere Ängste, Todesnot und Schmerzen kennengelernt. Im Tod, in dem alles vollbracht war, hat der Menschensohn seine Vollendung gefunden. Er blieb nicht im Tod, er ging durch ihn hindurch zu neuem Leben.

Ein dunkles Geheimnis. Vor ihm können wir uns nur beugen und uns verneigen; und darauf vertrauen, daß dort, wo es auch für uns ganz dunkel wird, uns Gott aufleuchtet.

5

Geheimnis der Hoffnung –
Dunkel des Glaubens

DIE OSTERBOTSCHAFT
TRÄGT DIE HOFFNUNG IN SICH,
JEDES VERSCHLOSSENE MENSCHLICHE HERZ
IRGENDWANN ZU BERÜHREN
UND ÖFFNEN ZU KÖNNEN.
WAS GOTT IN DER GESTALT DER MACHTVOLLEN
WORTE UND TATEN JESU NICHT ERREICHT HAT,
DAS VERSPRICHT SEINE TAT AM OHNMÄCHTIGEN.
DAS KONKRETE UNTERPFAND
DIESER UNIVERSALEN HEILSHOFFNUNG
IST DER HEILIGE GEIST.

RAYMUND SCHWAGER

Die gekreuzigte Hoffnung

Wo ist nun sein Gott?

Wie kann der gekreuzigte Jesus der Grund unserer Hoffnung sein? Gekreuzigt werden, das hieß in der damaligen Gesellschaft totales Scheitern. Für Jesus sah das so aus: selbst seine Freunde verließen ihn. Sie wählten für sich die Sicherheit hinter verschlossenen Türen. Die Mächtigen verurteilten ihn und übergaben ihn den Henkern. Diese folterten ihn, verhöhnten und bespieen ihn. Die Leute verachteten den so Gequälten. Das geschah ihm! – auf den so viele Zeitgenossen nicht umsonst hofften. Denn er heilte viele Kranke; er sprach ihnen Frieden zu und vergab ihnen ihre Sünden; er aß und trank mit ihnen; er wies keinen zurück; allen brachte er die Botschaft eines sie liebenden Gottes. Er war die Güte und Liebe in Person. Aber gerade so ertrug ihn die Gesellschaft nicht. Sie kreuzigten ihn. Und die Leute fragten einander: »Wo ist nun sein Gott?«

Ist das nicht auch unsere Frage? Es ist die Frage an das Geheimnis unserer Hoffnung, an das Dunkel unseres Glaubens. Dennoch gibt es im Glauben ein Erkennen, gibt es die glaubende Gewißheit, daß die Liebe Gottes auch in unbegreiflichen Geschehnissen bei uns ist; wie sie auch im Leiden und Sterben Jesu gegenwärtig war: »Der wahre Gott enthüllte sich als ein lebensspendender Gott, der aus Angst, Verlassenheit und Tod befreit. Er erwies sich als ein Licht, das durch die größte Dunkelheit leuchtet« (Raymund Schwager).

Die Konsequenz Gottes

Im Licht dieses Glaubens ist Hoffnung für uns – daß im gekreuzigten Jesus Gott die letzte Konsequenz auf sich genommen hat, die sich aus seiner Schöpfung ergibt. Er hat sie so konzipiert und so gewollt, daß er uns Menschen mit Freiheit begabt und uns unserer eigenen Verantwortung überlassen hat. Indem Jesus am Kreuz stirbt, lebt er die äußerste positive Möglichkeit menschlicher Freiheit als Liebe und Hingabe, als Menschsein für andere. Darin liegt für uns Hoffnung, daß er uns in seinem Leben, Leiden und Sterben die Liebe zueinander als die wahre Freiheit zeigte; die Liebe als Weg unserer Menschwerdung. – Gleichzeitig aber erlitt er an seinem eigenen Leibe die ganze Gefährlichkeit menschlicher Freiheit. Er nahm die ganze Verruchtheit und Verderbnis des Menschengeschlechtes auf sich und ließ zu, daß sie sich an ihm austobt. Er litt unsere Gewalttätigkeit gewaltlos zu Ende. Er durchbrach die Kette von Haß und Vergeltungsmethoden, wie wir sie für gewöhnlich praktizieren. Er schlug nicht zurück. Er hielt stand. Er wich dem Spott nicht aus, nicht der Verachtung, nicht dem Schmerz, nicht dem Tod. Im Gegenteil. Und das läßt uns hoffen: »Gott verdoppelt sein Erbarmen« (vgl. Raymund Schwager) im Angebot seines Verzeihens an alle gottfeindlichen Menschen, in dem Jesus sich ihnen wehrlos, leidend, sterbend aussetzte. In Jesus leerte Gott selbst den bitteren Kelch unseres verkehrten Lebens (Sie gaben ihm Galle und Essig zu trinken (Matthäus 27,34). »Ich und der Vater sind eins« (10,30), läßt das Johannesevangelium Jesus sagen. Und: »Wer mich sieht, sieht den Vater« (14,9). Auch das können wir nur glauben, ohne zu wissen, *wie* der Vater auch im gekreuzigten Sohn da ist (vgl. Johannes 14,9 ff.).

Die Todesmächte

In Jesus verkostete Gott selbst die Mächte des Todes, die Macht der Lüge, der Gewalt, wie sie aus unserem »Inneren kommen (als) böse Gedanken, Unzucht, Diebstahl, Mord, Ehebruch, Habgier, Bosheit, Betrug, Ausschweifung, Neid, Verleumdung, Hochmut, Unvernunft« (Markus 7,21,22). Der Gekreuzigte macht offenbar, was in uns Menschen steckt. Und wir erleben an ihm, welche erschreckenden Gesichter diese tödlichen Mächte in der Welt und in unserem Leben annehmen können, in welchen geschichtlichen Gestalten sie uns zu unserem eigenen Verderben wieder entgegentreten im Kreislauf des Bösen: als Terror, Krieg, Folter, Vergeltung, Vergewaltigung, Ungerechtigkeit, Unterdrückung, als Ausbeutung und Mißhandlung jeglicher Art. Wir begegnen Gesichtern von Todesmächten aber auch in den alltäglichen, heimtückischen, gemeinen, oft sehr subtilen Grausamkeiten und Kränkungen, die wir uns gegenseitig in Ehen, Familien, am Arbeitsplatz, in unseren Nachbarschaften antun, wenn wir einander die Lebensfreude kaputtmachen, die Menschenwürde verletzen, das Selbstvertrauen und den Lebensmut brechen.

Jesus, der unschuldig Leidende, nimmt alle diese Scheußlichkeiten freiwillig auf sich. Indem er unschuldig leidet, ist er solidarisch mit den Unzähligen, die im Lauf der Menschheitsgeschichte unschuldig leiden mußten unter der mitleidlosen, ausschweifenden Quäl- und Mordlust Mächtiger und ihrer Helfershelfer. »Mich erbarmt des Volkes« (Matthäus 15,32), ist die Solidaritätserklärung Jesu. Blicken wir in unsere Zeitgeschichte: Nicht mehr auszuhalten sind die Bilder von verstümmelten, ermordeten, von hungernden Kindern; nicht mehr zu ertragen ist die Masse der meist unfreiwillig in fürchterliche Kriege gezerrten Soldaten vergangener und gegenwärtiger Zeiten; bedrückend das Leiden der Flüchtlinge, der aus Gründen »ethnischer Säuberung« Vertriebenen; der von Rassenwahn Verfolgten.

Wenn wir vom Gekreuzigten reden, müssen wir uns deshalb auch den Mächten stellen, durch die wir andere kreuzigen (J.I. Gonzaléz Faus). Deshalb trifft uns die Anfrage: Welche Lebensenergien entlassen wir selbst aus uns in diese Welt hinein? Welche Mächte verstärken wir in der Erziehung unserer Kinder in Familie, Schule, Gesellschaft; welche Machtverhältnisse begünstigen und unterstützen wir durch unsere Mitarbeit in gesellschaftlichen Gruppen und Parteien? Immer müssen wir uns neu entscheiden, ob wir zu jenen gehören wollen, die – im Widerstand gegen die in Jesus angebrochene Gottesherrschaft – ihr Herz verhärten und verschließen. Oder ob wir in seiner Nachfolge lebensfördernde Kräfte entfalten, durch welche wir ein Klima unter uns Menschen schaffen, in dem jeder einzelne und die Gemeinschaft Hoffnungsperspektiven für eine lebenswerte Zukunft entwerfen kann.

Uns bleibt die Frage, woher das Böse kommt, woher es seine Macht über den Menschen hat. Aber »die neutestamentliche Botschaft (...) gibt keine Antwort, *weshalb Gott das Böse überhaupt zuläßt*. Der Gott des Lichts, in dem es keine Finsternis gibt, schenkt *unserem Glauben und unserer Hoffnung* eine letzte Eindeutigkeit. Für *unser Verstehen und Fragen* bleibt dennoch vieles schmerzhaft offen. Die wahre Liebe vertreibt zwar (...) alle Furcht (1 Johannes 4,18). Der Gott der Güte befreit uns aber nicht von der Dramatik und er erspart uns nicht das Dunkel des Lebens. Sein Licht und seine Güte sind nicht das Licht und die Güte eines Menschen, sondern Gottes, der für uns geheimnisvoll bleibt« (Raymund Schwager).

Das Kreuz – äußerster Prüfstein unserer Hoffnung

Geheimnisvoll bleibt für uns das Kreuz Christi. Heinrich Spaemann sagt dazu: »Das Kreuz von Golgotha ist im unendlichen Weltall ein winziger Punkt auf dem winzigen Planeten Erde, dennoch ist es die Mitte des Kosmos und Wende in seiner Geschichte, das Wahrzeichen der für uns bis ans Ende gehenden Liebe Gottes; es ist Zeichen der Entscheidung Gottes für uns und das Kriterium unserer Entscheidung für ihn. Wir sind durch das Kreuz gefragt, ob wir Gott erwählen, den im Gekreuzigten sich offenbarenden Gott, wie er uns erwählte.«

Der gekreuzigte Jesus läßt uns seine eigene glaubende und unerschütterliche Beziehung zu seinem Vater erkennen, auch die Beziehung seines Gottes zu ihm. Denn er läßt ihn nicht im Tod untergehen. Vielmehr geht er ihm dorthin nach, und reißt ihn heraus – und hinein in ein neues Leben.

Hoffnung für uns: Er läßt uns nicht allein, wenn wir am Kreuz unseres Lebens hängen und unter den Kreuzen unserer Zeitgeschichte leiden. Er geht in alles mit hinein, was wir leben; er entreißt uns jedem Tod, den wir erleiden müssen; erst recht unserem letzten, endgültigen. Darauf dürfen wir hoffen. Trotzdem: Der Kreuzestod Jesu bleibt die schärfste Herausforderung unseres Glaubens. Er ist der äußerste Prüfstein unserer Hoffnung.

Vielleicht »begreifen« wir gerade in dieser Herausforderung, daß Glauben und Hoffen eine ganz andere Wirklichkeit sind, die durch die Vernunft allein nicht zu begreifen ist. Gerade in Grenzsituationen, wie es jede gekreuzigte Hoffnung ist, wird diese ganz andere Dimension aufgerissen, die meist quer steht zu unserem sonstigen Denken und Erkennen. In einem Glauben, in dem unsere Existenz auf dem Spiel steht, in dem wir in einen Abgrund, ins Nichts fallen, fallen wir nicht ins Nichts. Wir fallen ins Leben! Wir erfahren unsere letzte und äußerste Freiheit.

Unsere Angst vor der Umkehr

Müssen wir uns selbst aufgeben?

Jesus beginnt seinen Verkündigungsweg mit den Worten: »Kehret um und glaubt an das Evangelium« (Markus 1,14). Umkehr meint, daß wir in eine ähnlich innige Beziehung und Nähe zu Gott kommen sollen, wie er sie selbst lebte. Er ermutigt uns zu der Vertrauensanrede »Abba, lieber Vater« (vgl. Matthäus 6,14; Römer 8,15; Galater 4,6). Aber – ist Gott nicht der Mächtig-Übermächtige? Wie soll da unser Herz trotz dieser Anrede nicht doch auch Angst empfinden? Was geschieht uns in solcher Gott-Nähe? Können wir vor solcher Über-Größe noch uns selbst sein? Müssen wir uns nicht doch begründet ängstigen, in der Beziehung zu diesem Gott uns gänzlich hergeben, verlieren, uns selbst aufgeben zu müssen?

Der Gekreuzigte zeigt uns einen Gott, der uns diese Ängste nehmen will. Als »Lamm Gottes« leistet Jesus einen äußersten, einen völligen Machtverzicht, so daß wir erkennen können: seine Macht ist nicht von dieser Welt. Er konkurriert deshalb auch nicht mit den Mächtigen dieser Welt, deren Macht ihn getötet hat. In seiner Kreuzigung, die Jesus freiwillig auf sich nahm, beugt er sich so tief in die menschliche Ohnmacht, daß er uns die Schwellenängste vor dem Einlassen in eine Gottesbeziehung nehmen kann. Das ist kein Trick, keine Falle. Er gab schließlich sein Leben und bürgt dafür, daß wir dieser Beziehung zu seinem Gott trauen können.

Die Macht der Kinder Gottes

Diese Beziehung nämlich *ist* Hoffnung. Denn in ihr empfangen wir die »Macht, Kinder Gottes zu werden« (Johannes 1,12). Doch ist diese Macht der Kinder Gottes ebensowenig von dieser Welt wie die Macht Jesu. Deshalb nimmt auch sie teil an seiner Ohnmacht. Das mag uns erschrecken. Denn sie gilt nicht viel in unserer Welt des Erfolges, der Gewinn- und Geldsucht. Wir tun uns auch aus diesem Grunde schwer, der »Waffenrüstung Gottes« (Epheser 6,11) zu trauen und die »Waffen des Lichts« (Römer 13,12) zu gebrauchen. Die Macht der Kinder Gottes ist die Frucht des Geistes Christi als »Liebe, Güte, Milde, Friedfertigkeit, Sanftmut … (Galater 5,22) Durch diesen Geist lädt er uns ein, einander zu verzeihen, weil er uns verziehen hat; Erbarmen zu praktizieren, weil er sich unser erbarmte. Mit den Früchten dieses Geistes sollten wir wuchern. Denn sie sind die Gegenkräfte zu den dunklen und tödlichen Mächten in der Welt.

Eine tiefgreifende Wandlung

Aber unsere Angst vor Umkehr als dem Sich-Einlassen in eine Lebensbeziehung zu Gott, zu Jesus Christus, hat noch eine andere Wurzel. Sie ist das oft unbewußte Mißtrauen, wer Gott zu lieben versucht, müsse auf seine vitalen Kräfte verzichten, auf Gestaltungswille, auf Einflußnahme, auf Lust, auf Selbstverwirklichung, auf Verteidigung, auf Sexualität, auf Lebensfreude. Aber so ist es nicht. Es ist anders. Denn das Leben wird uns nicht genommen, auch nicht in Leid- und Todeserfahrungen, nicht in Enttäuschungen und nicht in zerbrochenen Hoffnungen. Es wird nicht genommen, sondern gewandelt (vgl. Präfation der Totenmesse). Wer in der Lebensgemeinschaft mit Christus ist, in dem vollzieht sich im Kern seiner Person eine tiefgreifende Wandlung. Sie verändert unser Leben zwar, aber sie nimmt uns nichts. Vielmehr gibt sie allem, was wir sind und leben, eine neue Qualität: die Qualität seines Geistes. Durch diesen Geist werden wir offen und bereit für die Macht der Kinder Gottes. Der Heilige Geist befreit uns zu wahrem Leben. Und nur in ihm werden wir letztlich erfahren, wer wir selber sind, und wie Gott in unserem Leben da ist, wer er für uns ist. In der freundschaftlichen Beziehung mit Christus werden wir das Land unseres Lebens in Wahrheit besitzen.

Diese Hoffnung ist die Tür, die Jesus uns durch seinen Tod hindurch aufgetan hat. Der Tod hat keine Macht mehr über die, die Macht bekommen haben, Kinder Gottes zu werden. Es ist die Kraft dieser Hoffnung, die auch die Todesmächte dieser Welt letztlich in ihre eigene Ohnmacht hinein zu Ende laufen läßt: Denn der Gekreuzigte ist als der Auferstandene *die Hoffnung der Welt*.

Hoffnung im Erbarmen – Die Kraft der Auferstehung

Die Macht des Lebens

Wir sehen Jesus sterben. Aber gleichzeitig sehen wir in seinem Tod die Macht des Lebens, die Kraft der Auferstehung wirken. Sie strahlt schon hinein in das dunkle Geschehen. Sie ist schon gegenwärtig im völligen Freisein Jesu von jeglicher Vergeltungsabsicht, von jeglichem Rachegedanken. Sie ist da in seinem beispiellosen Vergebungswillen: »Vater, vergib ihnen, sie wissen nicht, was sie tun« (Lukas 23,34). In seinem Freisein von jeglicher Aggressivität gegenüber denen, die ihn foltern und töten, schafft er einen freien Raum für uns, in dem wir lernen können, anders, das heißt, wie er, zu handeln. Er lehrt uns Erbarmen mit denen zu haben, die weder mit andern noch mit sich selbst Erbarmen haben. Denn wer andere tötet, tötet sich selbst.

Dieses Freisein von allem Tödlichen läßt Jesus in einer wahrhaft souveränen Offenheit anderen zugewandt bleiben. Obwohl im eigenen Schmerz und Todesleiden untergehend, nahm er dennoch die Not des mitgekreuzigten Schächers wahr. Er war ihm nahe, nicht nur äußerlich mit ihm hängend, sondern innerlich mitfühlend. Er ließ ihn nicht ohne Antwort, so wie er sich dem andern Mitgekreuzigten nicht aufdrängte. Er schenkte ihm sein Erbarmen, gab ihm keinen leeren Trost, sondern eine große Hoffnung. Er sprach ihm Leben zu und gab ihm die Macht, in der letzten Stunde seines Lebens noch ein Kind Gottes zu werden: »Heute noch wirst du mit mir im Paradies sein« (Lukas 23,43). Diese noch im Sterben anwesende, mitfühlende und erbarmende Liebe Jesu ist schon das neue Leben. Weil mitten im tötenden Haß seine Liebe nicht starb, ist darin auch für uns im Tod Jesu Hoffnung sichtbar geworden: Es gibt etwas, was nicht stirbt, wenn man stirbt. Es ist die Liebe.

Selbst der sterbende Schächer, der in seiner letzten Lebensstunde aus seinen todbringenden Verflechtungen umkehrt, schenkt uns Hoffnung. Es ist die Hoffnung, daß auch wir durch Jesus Christus umkehren können, gleichgültig an welcher Stelle und an welchem Punkt unserer Lebensgeschichte wir gerade stehen. Gleich aus welchen Verstrickungen wir uns dabei lösen müßten. Daraus können wir die grenzenlose Hoffnung schöpfen, daß Gott seine Schöpfung, die ganze Menschheit retten wird. Und wäre es erst in ihrer »letzten Stunde«.

Das Erbarmen Gottes, wie es sich in Jesus gezeigt hat, läßt uns außerdem erkennen, *wo* Gott ist. Er ist bei denen, die keinerlei eigene Macht (mehr) haben, sich nicht wehren, sich nicht selbst retten können: Er ist bei den Schwachen und Schwächsten, bei den Verlassenen, den Verurteilten, den Todbedrohten, bei den Verachteten, bei den Armen, bei den Letzten der menschlichen Gesellschaft. Sein Todesgeschehen fand mitten unter denen statt, die er auch schon in seinem Leben um sich versammelt hat: »Den Armen wird die frohe Botschaft verkündet« (Matthäus 11,5).

Die Freude der Auferstehung

Diesen Glauben und diese Erfahrung finden wir häufig bei Menschen, die in Verhältnissen leben, die wir uns in unseren reichen Ländern kaum vorstellen können. Mitten unter den hartgeprüften Menschen der Basisgemeinden in Ländern der Armut lebt die Freude der Auferstehung. Das zeigt sich nicht nur im gemeinsamen Handeln gegen Unterdrückung und Ungerechtigkeit. Es zeigt sich auch darin, daß sie, wenn die Namen ihrer Toten im Gottesdienst genannt werden, alle antworten: »Presente, ja, er/sie ist anwesend«. So erzählte mir jemand, der es erlebt hat.

In der Hoffnung auf Leben, auf ihre eigene menschenwürdige Zukunft, lebt eine Hoffnung, die uns gilt: daß wir ihnen dabei helfen. Wenn wir wie sie aus der Freude der Auferstehung leben, wird es uns leichter fallen, mit ihnen zu teilen. Die Kraft der Auferstehung wird unser Leben prägen und tragen. Wir alle erfahren diese Kraft, wenn wir aufstehen aus dem Grab unserer Selbstverschlossenheit, aus dem Grab der Trägheit und Resignation, wenn wir aufstehen aus unserer Gleichgültigkeit, unserer Herzenshärte, aus Unglauben.

Leben füreinander

Immer gab und gibt es Menschen, an denen die Kraft der Auferstehung Jesu sichtbar wurde. Der KZ-Häftling Maximilian Kolbe meldet sich freiwillig, für einen anderen im Hungerbunker zu sterben. Der andere war ein Familienvater. Kolbe hat ihn für seine Familie gerettet. Viele Menschen leben aus freiem Entschluß unter den Besitz- und Rechtlosen in Elendsvierteln. Allein schon ihre Anwesenheit kann helfen, daß die Armen ihre Menschenwürde aufrecht erhalten können. Es sind TechnikerInnen, ÄrztInnen, KrankenpflegerInnen, Ordensleute. Sie und andere verzichten freiwillig auf den Lebensstandard ihrer Herkunftsländer, sie setzen ihr Leben und ihre Gesundheit aufs Spiel. Wie in einem Scheinwerferlicht wird durch sie aber auch deutlich, daß ebenso bei uns Menschen füreinander da sind, sich selbst hintanstellen als Mütter und Väter, als Pflegende, als SterbebegleiterInnen, als GattInnen, als Mitmenschen in tausend Aufmerksamkeiten und tätigen Hilfen. In aller Unauffälligkeit setzt sich in ihnen und durch sie die Kraft der Liebe, die die Kraft der Auferstehung ist, durch. Wir sollten uns umschauen: »Die Heiligen wohnen nebenan«. Das will auch heißen: »Die Liebe ist in dieser Welt möglich, denn sie ist real vorhanden« (Jon Sobrino, Salvador).

Der uns zugesagte und zugesandte Geist Jesu, der Geist der Stärke und des Trostes, wohnt in uns. Der Geist Jesu ist die *personale Hoffnung Gottes* in uns Menschen. Er befähigt uns, trotz unserer Schwachheit und Untreue, zu einem Leben aus Gott, mit Gott, für Gott. Und das heißt: zu einem Leben füreinander.

6

Hoffnung
aus Gottes Wort

HOFFNUNGSGESCHICHTEN
DER BIBEL (1)

ES GEHÖRT ZUM HEILIGEN REICHTUM DER SCHRIFT,
DASS DIESES TEXTCORPUS,
DAS EINEN BESTIMMTEN
HISTORISCHEN KONTEXT HAT,
UNAUFHÖRLICH NEU
AKTUALISIERT WERDEN KANN.
DIE TIEF BEGRÜNDETE KRAFT
DER HEILIGEN SCHRIFT BESTEHT DARIN,
DASS SIE VOM HEILIGEN GEIST
BEWOHNTER BUCHSTABE IST,
DER DEN GEIST IN SICH TRÄGT.
DER GEIST OHNE DEN BUCHSTABEN BLEIBT STUMM,
ABER DER BUCHSTABE OHNE DEN GEIST
IST ÜBERHAUPT NICHTS.
DER BUCHSTABE IST FÜR DEN GEIST DA,
NICHT DER GEIST FÜR DEN BUCHSTABEN.

ISABELLE CHAREIRE

Im Wort der Bibel kommt Gott auf uns zu

Im Wort der Bibel will Gott sich – wenn auch in menschlichen Worten und Bildern – uns Menschen mitteilen. Im
Wort der Bibel kommt Gott selbst auf uns zu. Darum ist
das Wort Gottes ein Verheißungswort, ein Hoffnungswort,
weil es uns mit Gott, mit Jesus Christus in Beziehung bringt.
In dieser Beziehung gewinnen wir Anteil an seinem Leben.
Weil das Wort Gottes den, der sich ihm glaubend öffnet,
unmittelbar anspricht, wirkt es auch in ihm, an ihm. Es kann
z.B. unseren fixierten Blick, durch den wir unser Leben
manchmal eng, trostlos, sinnlos sehen, plötzlich aufbrechen
wie der Blitz die Wolken, und uns eine andere Sicht auf
unser Leben auftun. Wir bekommen eine Aussicht, in der
Altes, Gewohntes, alltäglich Gewordenes wieder Sinn bekommt. Oder: Es gehen uns die Augen über uns selbst auf.
Wir lesen ein Gleichnis, eine Wundergeschichte und erleben
betroffen: Das Wunder geschieht ja hier und heute – an
mir. Ich bin sehend geworden für etwas, wofür ich bis jetzt
blind war. Durch glaubendes Lesen wird mir das Wort Gottes
zum Begegnungsort, an dem ich die belebende, heilende
Gottesmacht an mir erfahre, wie die Menschen damals, von
denen die Bibel erzählt.
Wenn wir die Wundergeschichten der Bibel lesen – so
belehrt uns die heutige Bibelwissenschaft – haben wir keine
streng historischen Texte vor uns. Allen Geschichten läge
zwar ein historischer Kern, ein tatsächliches Geschehen zu
Grunde. Die Geschichten wären aber keine Protokolle, die
den Verlauf eines Geschehens haargenau aufzeichnen; sie
wären keine Berichte, die Vorgänge ebenso genau zu schildern versuchen. Vielmehr brächten die Wundergeschichten
»das Typische in einem Geschehen zur Sprache, das auch
uns heute betrifft« (Grundkurs Bibel NT, Wunder und
Gleichnisse Jesu). Es geht darin um Befreiungserfahrungen,

um »Begegnungserfahrungen mit personalem Charakter«, die Menschen damals mit Jesus gemacht haben. »Zur Wundererfahrung gehört wesenhaft die Dimension des Glaubens« (ebd.). Sie führt uns über das Vordergründige, Meßbare und Nachprüfbare hinaus.

Wenn wir Wundergeschichten oder Gleichnisse lesen, hören, meditieren, können wir in ihnen unsere eigene Heilsbedürftigkeit, unsere Gottessehnsucht wie auch unsere Gottferne entdecken. Im Glaubensweg der Menschen, von denen sie erzählen, sehen wir etwas von unserem eigenen Weg: in ihrem Verhalten, ihrem Charakter, ihrer Not wie auch in ihrem Schrei nach Hilfe, nach Veränderung ihrer Situation. In alledem zeigt sich auch etwas von unserem Menschsein, von unserem Leben. Die Geschichten und Gleichnisse wollen uns in Bewegung bringen, damit wir uns neues Leben von Gott schenken lassen. Sie wollen uns an einer Erfahrung teilnehmen lassen, die nicht direkt, »sondern nur über eine andere sinnliche Erfahrung wahrgenommen werden kann« (ebd.): durch unser inneres Beteiligtsein beim *Hören* der Geschichten.

Die hier folgenden Geschichten und Gleichnisse haben selbstverständlich noch andere Deutungsebenen als die, die wir hier betrachten.

HOFFEN AUF DAS NOCH-VERBORGENE

Der unfruchtbare Baum

Der Besitzer des Weinbergs ärgert sich, daß der Feigenbaum zwischen seinen fruchtbaren Weinstöcken schon drei Jahre lang keine Früchte trägt. »Hau ihn um, er soll den Boden nicht länger auslaugen«, sagt er zu seinem Weingärtner. Doch dieser bittet den Besitzer, er möge den Baum noch ein Jahr stehen lassen. Er wolle den Boden umgraben und den Baum düngen. Wenn er dann keine Frucht bringt, mag er umgehauen werden (vgl. Lukas 13,6-9).

Hatte der Weingärtner den Baum vernachlässigt, nicht genug nach ihm geschaut? Schlägt ihm nun das Gewissen, seiner Versäumnisse wegen? Oder will er den Baum schonen, weil er ihn mag? Schließlich gibt er Schatten, er ist schön gewachsen. Jedenfalls will der Weingärtner jetzt seine Mühe verdoppeln, umgraben und düngen, dem Baum eine neue Lebenschance geben.

Hoffnungsarbeit

Nach diesem Gleichnis ist selbst ein unfruchtbarer Baum ein Bild der Hoffnung, weil da einer ist, der sich für ihn einsetzt. Die Arbeit des Weingärtners ist ein von Hoffnung getragenes Tun. Er muß in die scheinbare Aussichtslosigkeit, in das Noch-nicht-Sehen, in das Noch-keinen-Erfolg-Haben seine Zeit, seine Kraft, Aufmerksamkeit und Vertrauen investieren. Dabei kann er das fremde Wachstum nicht von sich aus bestimmen. Er kann ihm nur Hoffnung und Hilfestellung entgegenbringen. Denn der Baum lebt nach seinem eigenen, ihm innewohnenden Gesetz. Für eben dieses Noch-Verborgene scheint der Weingärtner ein Gespür zu haben. Er räumt dem Baum seine individuelle Zeit, seinen Rhythmus ein, die er für seine Erneuerung braucht. Gib ihm noch ein Jahr, sagt er.

Ob wir uns in ähnlichen Situationen so verhalten wie der Weingärtner? Investieren in das Noch-nicht-Sehen, Noch-nicht-Haben-Können? Ginge es je ohne Hoffen in der Erziehung, in einer Partnerschaft, insgesamt in den mitmenschlichen Beziehungen, in unseren Aufgaben und angestrebten Zielen? Vielleicht bringt uns unsere Ungeduld Ent-

täuschungen, dann und wann. Wer handelt wie der Weingärtner, erfährt: Solches Tun rettet zuerst uns selbst, und
zwar vor Resignation, die zum Nichtstun und letztlich zur
Erstarrung führt. Sie sind Gegenkräfte der Hoffnung. Unser
Handeln gibt uns eine Perspektive, es macht uns wach und
offen, auch kreativ für unsere Möglichkeiten. Es macht uns
von innen her lebendig, es macht empfänglich dafür, die
winzigste Veränderung, das winzig Neue, das sich zeigt,
wahrnehmen zu können. Im Tun haben wir »einen Nagel,
an dem wir unsere Hoffnung aufhängen können«. Wir leben
auf etwas hin. Wir haben Zukunft. Wir orientieren uns nach
vorne. Wir bleiben auf dem Weg.

Um im Bild des Gleichnisses zu bleiben: Wenn wir füreinander WeingärtnerIn sein wollen, wird uns zuerst der Respekt
vor der Eigenart der andern und ihrem persönlichen Wachs-
tumsgeheimnis abverlangt sein. »Umgraben und Düngen«
hieße etwa, auf andere so eingehen, sie so zu verstehen
suchen, daß sie ihre eigenen Ahnungen, wohin es mit ihnen
gehen soll, selber besser deuten und ihrem eigenen Zukunfts-
bild näher kommen können. Einander zu ermutigen, ist eine
der weingärtnerischen Aufgaben, die wir gegenseitig aneinander haben.

Der »beste Teil« soll nicht vertrocknen

Im Gleichnis vom unfruchtbaren Baum ist Jesus unser Weingärtner. Wir sind der Baum, der in Gefahr ist, zu verdorren.
Jesus will nicht, daß wir »dürr« werden, daß wir unsere
Gefühle, unsere Lebensenergien oder gar den »besten Teil«
in uns vertrocknen lassen. Gegen solche Nachlässigkeit uns
selbst gegenüber ist dieses Gleichnis erzählt.

Wenn Jesus mein Weingärtner ist, der sich um mein persönliches Wachstum sorgt, wie beantworte ich sein Bemühen um mich?

Wenn der Weingärtner an den Wurzeln arbeitet (an mir), kann das radikal (radix – die Wurzel) wehtun. In welchen Lebensereignissen habe ich erfahren, daß Gott an meinen Wurzeln arbeitet?

Was ist mir daraus zugewachsen an Lebenseinsichten, an Verhaltensänderungen?

Für welche Menschen bin ich WeingärtnerIn? Wer ist WeingärtnerIn für mich?

Wer hofft auf meine »Früchte«, z.B. auf mein Verständnis, auf meine Hilfe, auf mein Gutsein …? Von wem erhoffe ich solches?

Das Senfkorn

Jesus vergleicht das Reich Gottes mit einem Senfkorn. Es ist das kleinste unter den Samenkörnern. Jedoch, es wird zu einem großen Baum heranwachsen und die Vögel des Himmels werden darin wohnen (vgl. Lukas 13,18-19; Matthäus 13,31 f.; Markus 4,30-32).
Als er von den Pharisäern gefragt wurde, wann das Reich Gottes komme, antwortete er: »Das Reich Gottes kommt nicht so, daß man es an äußeren Zeichen erkennen könnte.

Man kann auch nicht sagen: Seht hier ist es! Oder: Dort ist es! Denn das Reich Gottes ist schon mitten unter euch« (Lukas 17,20-21).

Grund großer Freude

Das Reich Gottes ist *mitten unter* uns. Es ist dort, wo sich das Leben reibt, in den Familien, Gruppen, Gemeinden, an den Arbeitsplätzen, im Verkehr. *Unter uns.* Allerdings, nur senfkorngroß ist es da. Zu keiner Zeit also ein Anlaß zum Triumphieren, weder für einzelne, noch für Gemeinden, nicht für die Kirche als ganzer. Wohl ist das Senfkorn Grund großer *Freude*! Sagt es doch, das Reich Gottes ist *schon da*! Und vom Senfkorn ist gesagt, daß es *wächst.* Wenn auch im Verborgenen; und verborgen ist es *groß* und *wirksam.*

Sensibilität des Glaubens

Für dieses verborgene Wachstum unter uns brauchen wir eine besondere Sensibilität, die Sensibilität des Glaubens. Nur sie vermag unser Wahrnehmungsvermögen zu öffnen – über das Sichtbare und Hörbare hinaus – für das geheimnisvolle Wirken Gottes unter uns. Nur glaubend werden wir die Qualität des Reiches Gottes und sein Unter-uns-Sein erspüren. Glaubend können wir uns fragen: Bricht es nicht herein in der Friedenssehnsucht der Völker? Im Kampf um Gerechtigkeit und gegen Unterdrückung? Im weltweiten Prozeß, in dem immer mehr Menschen sich ihrer Menschenwürde bewußt werden? Bricht es nicht herein, wo »zwei oder drei zusammen sind in seinem Namen« und er, seinem Versprechen gemäß, selbst unter uns ist? Bricht es nicht herein, wo wir uns versammeln zum Gottesdienst, zur Eucharistie, zum gemeinsamen Hören seines Wortes, zum

Gebet? Aber auch dort läßt es sich erahnen und erfahren, wo es buchstäblich senfkorngroß in den gewöhnlichsten Situationen unseres Alltags da ist: wenn wir andere, weil sie in der Gemeinde noch fremd sind, besuchen; wenn wir einander informieren, beraten, trösten; wenn wir andere lehren, Kinder betreuen, Gruppen leiten, Suchende begleiten, Kranke besuchen, alte Menschen betreuen, Sterbenden beistehen. Überall dort kann es hereinbrechen, wo Menschen sich über ihre Alltagsbelastung hinaus für andere öffnen, wo wir uns durch winzige Aufmerksamkeiten, die uns (fast) nichts kosten, die Anstrengungen des täglichen Lebens erleichtern helfen. Sei es auf der Straße, im Verkehr oder in der Küche zu Hause.

Winzigkeiten machen keinen Lärm, aber sie machen glücklich. Sie strahlen aus. Sie bleiben im Gedächtnis. Sie werden weitererzählt. Wir erleben sie wie kleine Wunder. Nur, weil einer freundlich war, uns wahrgenommen hat in unserer momentanen Lage. Verdüstern wir uns nicht oftmals das Gemüt, klagend über das, was nicht oder noch nicht ist? Wenn wir das tun, sehen wir nicht, was unter uns *schon da ist*! Als man uns taufte, wurde unsere Zunge mit Salz berührt. Unser geistlicher Geschmackssinn, unser Glaubenssinn sollte geöffnet werden, damit wir das Himmelreich schon hier auf Erden »schmecken« können. Mit den Augen des Glaubens sehen wir es *wachsen*.

Vielleicht fällt mir ein, welches winzige Entgegenkommen von Menschen mir eine große Hilfe war.

Durch welche Kleinigkeiten habe ich anderen schon viel geholfen? Und wäre es das »Nur«-Zuhören gewesen? Geholfen aus einer depressiven Stimmung, aus irgendeiner alltäglichen Verlegenheit? –

In welchen Beziehungen konnte ich wachsen? Selbstvertrauen gewinnen, Selbstwert erleben?

Wem verdanke ich Begleitung, Ermutigung zu meinen Fähigkeiten?

Welchen Menschen bin ich selbst zeitweilig ein/e LebensbegleiterIn gewesen? Und wie ging es mir dabei?

Kenne ich Erlebnisse, die ich mit »Reich-Gottes-Erfahrung« bezeichnen möchte? Was erschloß sich mir darin?

Der Sauerteig

»Jesus erzählt seinen ZuhörerInnen noch ein Gleichnis: Mit dem Himmelreich ist es wie mit einem Stück Sauerteig, den eine Frau unter drei Maß Mehl mischte, bis das Ganze durchsäuert war« (Matthäus 13,33; Lukas 13,20 f.).

Der Teig geht unter

Der Sauerteig, auf den es ankommt, geht unter, verschwindet im Ganzen, damit das Ganze gelingen, also Brot werden kann. – Haben wir nicht von manchen unserer Lebensmühen, von unserem Engagement in der Familie, der Gemeinde, im Verband, in unserer politischen Arbeit den Eindruck gehabt, sie gingen unter, man sehe davon nichts? Nichts von der Zeit, der Kraft, die wir dafür aufgebracht haben? Undank-ist-der-Welt-Lohn-Gefühle schleichen sich ein, machen uns mürbe, verbrauchen unsere Motivation. Damit wird unserem Bewußtsein verdeckt, daß unser Engagement für andere auch uns *selbst* »durchsäuert«, daß es zunächst uns prägt, uns Profil gibt, unser persönliches Wachstum fördert. Wenn uns das aufgehen kann (der Teig geht auf, uns geht ein Licht auf), können wir uns mit der Erfahrung versöhnen: Das Leben kostet das Leben. Einen anderen Preis gibt es für Leben nicht. Wir selbst sind Sauerteig, der sich drangeben muß, wenn wir Brot für andere, Brot für die Welt, aber auch, wenn wir *selbst* werden wollen, was wir sein können.

Unter welches »Mehl« mische ich meinen »Sauerteig« Tag für Tag?

Von welchen Lebensmühen habe ich den Eindruck, sie seien wertlos, sie brächten nichts, sie gingen unter?

Welche Hilfen gab es für mich, dennoch zu meinen Mühen und Anstrengungen zu stehen?

Nicht länger verschweigen

Eine *Frau*, lehrt uns Jesus, mischt den Sauerteig unter das
Mehl. Damit kommt das Vorurteil vom Tisch, »das Wesen
der Frau« wäre zuerst und vor allem passiv. Immer schon
haben Frauen den Sauerteig unter das Mehl der Geschichte
gemischt. Immer schon waren sie aktiv dabei, ihren Beitrag
zu geben zum Ganzen. Immer waren sie im Ganzen –
vielleicht *zu* selbstverständlich, *zu* verborgen – höchst wirksam. – Jesus sagte von jener Frau, die das kostbare Salböl
über sein Haupt goß, als er auf dem Weg nach Jerusalem
war, überall werde man erzählen, was sie getan hat (Markus
14,3-9).

Warum hat dann bis heute das Tun der Frauen so wenig
Bedeutung gewonnen? Warum wird es einfach verschwie-
gen?

Warum legt »Mann« den Frauen heute noch Schweigen auf?

Der Kirche mangelt es an Glaubwürdigkeit, wenn sich die
Stellung der Frau in ihr nicht ändert: Wie würde ich die
Notwendigkeit, daß sie sich ändert, als Frau, als Mann
begründen?

Wir sehen den Teig aufgehen

Aber auch für die Frauen gibt es Hoffnungszeichen. Ich sehe
ein solches in der Fürbitte, die eine Mutter bei der Taufe
ihrer kleinen Tochter gebetet hat. Sie sagte: »Herr, gib, daß
sich die Strukturen in der Kirche so ändern, daß unserer
Monika keine Schranken mehr gesetzt werden, sollte sie

eine Berufung für ein Amt in der Kirche von dir erhalten. Überwinde die Frauenfeindlichkeit in deiner Kirche. Hilf uns, daß sich Frauen in deiner Kirche zuhause fühlen können.« Die Hoffnung auf die volle Anerkennung der Würde der Getauften, auch der Frauen, pflanzt sich fort von Generation zu Generation. Dabei nimmt diese Hoffnung zu wie der Sauerteig unter dem Mehl. Wir sehen bereits den Teig aufgehen.

Die selbstwachsende Saat

Jesus sagte: Mit dem Reich Gottes ist es wie mit einem Mann, der Samen auf seinen Acker sät; dann schläft er und steht wieder auf, es wird Tag und wird Nacht, der Same keimt und wächst, und der Mann weiß nicht, wie das vor sich geht. Von selbst bringt die Erde Frucht, zuerst den Halm, dann die Ähre, dann das volle Korn in der Ähre. Sobald aber die Frucht reif ist, legt er die Sichel an; denn die Zeit der Ernte ist da (Markus 4,26-29).

Aus eigener Kraft

Ein tröstliches Bild vom Wachsen des Reiches Gottes. Es wächst aus der ihm innewohnenden Kraft. Damit ist gesagt, Gott ist der souveräne Herr des Wachstums. Er läßt den Samen zum Halm, zur Ähre, zum Korn in der Ähre reifen. Der Mann sieht es mit Staunen, weiß aber nicht, wie es geschieht. Das Gleichnis will zeigen, Gott läßt wachsen, nicht der Mensch. Uns bleibt es verborgen, wie das Wachstum geschieht. Durch das Aussäen haben wir unseren Anteil daran, aber wir können nicht darüber bestimmen, ob der Same gedeiht.

Offen für Überraschungen

Eine Beziehung ist immer offen für Überraschungen, für Wachstum und Veränderung. Wenn wir unsere Beziehung zu Gott überdenken, können wir uns mit den Bildern im Gleichnis fragen:

Ist meine Gottesbeziehung wie ein *Same*, der noch auf sein Aufbrechen und Keimen wartet?

Ist sie wie ein *Halm*, der noch schwach ist, im Wind hin- und herwirbelt?

Zeigt sie etwas von Reife, also von Erfahrung, der wir im Laufe des Lebens mehr und mehr trauen lernten, so daß sie einer *Ähre* gleicht?

Oder: Wann erlebe ich sie wie ein Same, ein Halm, wie ein reifes Korn!

Wenn Gott das Wachstum schenkt, wo sehe ich das Wirken Gottes in meinem Leben? Wie antworte ich darauf?

Der Wachstumsprozeß

Der Same bedeutet in den Gleichnissen Jesu Wort Gottes (Lukas 8,11) oder Reich Gottes (Matthäus 13,18). Er wird in die Erde gesät. Er braucht einen Boden. Der Boden ist unser Herz. In diesem Boden kommt der Same in sein Element. Ein Mystiker sagt, daß bei der Taufe das »Wort«

in uns »eingesäumt« worden sei. Wenn wir im Wort vom Reich Gottes hören, dann begegne das äußere Wort diesem inneren Wort in uns. Dort würden sie sich gegenseitig erkennen (André Louf). Damit der Same nun werden kann, was er ist und was er soll, wird er den Boden beanspruchen, uns in seinen Wachstumsprozeß einbeziehen. Das bedeutet eine umfassende, wenn auch nur allmählich fortschreitende Wandlung unseres ganzen Menschseins. In meiner ganzen Person, mit Intellekt, Herz und Gemüt, Geist und Sinn bin ich angesprochen, mich dem Wachstum des Reiches Gottes zu überlassen. Das geht nicht ohne Kampf ab, nicht ohne Schmerz, nicht ohne Widerstand, nicht, ohne daß wir uns weigern, den Besitzstand unseres Ichs Gott zu überlassen. Um uns ihm dann doch da und dort, dann und wann zu ergeben. Bis wir uns ganz der Führung des Heiligen Geistes überlassen können, dafür brauchen wir ein ganzes Leben. Jedoch werden wir immer wieder eine Erfahrung machen: Was wir Gott überlassen, erweist sich für uns als Gewinn. Denn im Ackerboden unseres Lebens muß, im Interesse des Lebens, immer wieder sterben, was alt, abgestanden, welk, ausgelebt ist. Im Interesse des Lebens will und muß immer wieder Neues werden. »*Zuerst* der Halm, *dann* das volle Korn«. Für das Hineinwachsen in das Reich Gottes, sein Wachsen in uns, brauchen wir unsere Zeit.

In Hoffnung sein

Trotz der Schmerzen, die Wachsen, Werden, Entfalten, Entwicklung abverlangen, erleben wir Wachstum positiv. Wir erleben es als zukunfteröffnend, als In-Hoffnung-Sein, als In-Erwartung-Sein, so wie die schwangere Frau, die sich auf ihr Kind freut. Gerade an ihr wird deutlich, daß Freiheit nicht nur Selbstbehauptung ist, sondern auch verstanden werden muß als die Fähigkeit zum Mit-mir- und An-mir-geschehen-Lassen. Das sind unverzichtbare Haltungen. Auch sie bereiten die Ernte vor. Hektische Aktivität macht oft den Mangel an notwendigem Vertrauen deutlich. Ebenso das Sich-Absichern-Wollen vor jedem Risiko.

So wie unserem endgültigen Tod viele Sterbeerfahrungen vorausgehen, gibt es auch das Erlebnis von Ernte mitten im Leben. Nicht nur, wenn wir eine Aufgabe vollendet haben, wenn uns irgend etwas gelungen ist, ernten wir. Wir ernten auch, wenn ein Kind geboren wird, eine Ehe oder eine Freundschaft gelingt. Auch das ist Ernte, wenn wir gelernt haben, einen anderen besser zu verstehen; wenn wir geduldiger geworden sind mit uns und anderen; wenn wir andere akzeptieren können, wie sie sind; wenn wir uns selbst mehr zulassen können. So gesehen ist unsere ganze Lebenszeit Aussaat und Ernte. Wir haben daher immer Grund, für unser Leben zu danken, auch, es zu feiern.

Das Gleichnis von der selbstwachsenden Saat lädt uns ein, dem Leben zu vertrauen. Wenn wir in unser Leben schauen, kann uns der Gedanke begleiten:

Wer hat unser Vertrauen wachsen lassen?

In welchen mitmenschlichen Beziehungen konnte es reifen, stark werden?

Auch können wir uns die Menschen vor Augen kommen lassen, die uns vertrauen. Wie gehen wir mit dem uns geschenkten Vertrauen um? Können wir es als Geschenk schätzen, bewahren?

117

Der Zweig im Schnabel der Taube

Nach der Flut ließ Noach die Taube ausfliegen. Sie kehrte zu ihm zurück, weil ihre Füße noch keinen Halt fanden. Sieben Tage später ließ er sie wieder ausfliegen. Mit einem winzigen Ölzweig im Schnabel kehrte sie heim. Der Ölzweig war für Noach und alle Bewohner der Arche *das* Hoffnungssignal: Das Wasser sinkt! Nach weiteren sieben Tagen ließ er die Taube ein drittes Mal hinaus. Danach kam sie nicht mehr zurück (vgl. Genesis 8,8-12).

Hoffnung als Handlungsmotiv

Die Hoffnung ist tragendes Handlungsmotiv in dieser Geschichte. Sie zeigt sich als die Kraft im Warten, im geduldigen, zähen Durchhalten. Noach gibt nicht auf. Dreimal schickt er die Taube aus, um Gewißheit zu bekommen. Er muß sich auf ein winziges Zeichen, den Ölzweig bescheiden. Seine Hoffnung zeigt sich als Sensitivität des Sehens. Weil er Gott vertraute, ihm glaubte, vertraute er dem Zeichen. Weil er dem Wort Gottes traute, baute er unter dem Spott der Leute die Arche und zog ein. In diesem glaubenden und hoffenden Handeln hatte er die Zukunft, von Gott versprochen, schon in sich. Sie entfaltete und gestaltete sich in den geschichtlichen Ereignissen seines Lebens. Sie führten zum Bund Gottes mit Noach, dem Noachbund. Wir können uns daran erinnert sehen bei jedem Regenbogen.

Hoffnungssignale im Alltag

Diese Hoffnungssignale, diese »Ölzweige«, gibt es auch in meinem Leben. An ihnen kann sich meine Hoffnung aufrichten. In vielen Situationen hatte ich für solche »Ölzweige« einen Blick, in anderen nicht. Täglich könnte ich mich jedoch fragen, welches kleine Ereignis heute ein »Ölzweig« war. Ein Zeichen, das mich auch für morgen wieder hoffen läßt.

Um solche Zeichen wahrzunehmen, brauchen wir ein bestimmtes Instrumentarium, eine wache Sensibilität. Mit ihr ausgestattet, können wir dann auch unsere Lebensgeschichte als Hoffnungsgeschichte lesen. Vielleicht entdecken wir, welche Hoffnungshaltungen uns darin zugewachsen sind: Geduld, Ausdauer, Aushalten, Durchhalten, die Zähigkeit, trotz Rückschlägen immer wieder neu anzufangen. Wir können entdecken, was diese Haltungen in unserem Leben schon bewirken konnten.

Wenn wir über uns hinaus in unsere Zeitgeschichte schauen, können wir uns trotz der »Überflutung« von schlimmen Ereignissen fragen:

Welche Hoffnungssignale wir in der Gesellschaft, in der Kirche, in der Weltpolitik, erkennen können. Solcher »Ölzweige« wegen, die wir entdecken, sollten wir tätig, mitarbeitend auf »bessere Zeiten« hoffen.

Ein paar Tropfen Öl – eine Hand voll Mehl

Elija wurde nach Sarepta zu einer Witwe gesandt. Es herrschte eine fürchterliche Dürre im Land und ihr zufolge Hungersnot. Die Witwe war eben daran, ein wenig Holz zu sammeln, als Elija an das Stadttor kam. Er bat sie um etwas zu trinken und zu essen. »Ich habe nur noch eine Hand voll Mehl und ein paar Tropfen Öl im Krug. Damit will ich für mich und meinen Sohn Speise bereiten und dann sterben.« Der Prophet versprach ihr im Namen Gottes, es würden Mehl und Öl nicht ausgehen, wenn sie zuerst ihm zu essen gäbe und danach für sie selbst und für den Sohn einen Kuchen backen würde. Die Frau traute diesem Versprechen, handelte danach, und erlebte Wunderbares: Unter ihren tätigen Händen vermehrte sich Mehl und Öl. Alle drei wurden satt. Und darüber hinaus: Mehl und Öl nahmen nicht ab, bis es im Lande wieder regnete (vgl. 1 Könige 17,8-16).

Hoffnung im Risiko

Die Hoffnung, daß das Wort des Propheten wahr werde, gab ihr den Mut zu dem Risiko, das Letzte mit ihm zu teilen. Ihr Leben hing davon ab und das ihres Sohnes. Das Teilen aber wurde zur Lebensrettung; im Teilen vermehrten sich Mehl und Öl; im Teilen eröffnete sich Lebenszukunft für alle Drei. Das Wenige, zum Sterben zu viel, zum Leben zu wenig, vervielfältigte sich in den *tätigen* Händen der Frau. Nicht nur einmal. Sooft sie künftig Teig bereitete, geschah das Wunder der Vermehrung. Jedesmal bekam sie dadurch das Leben neu geschenkt. Bis es im Lande wieder regnete.

In dieser Geschichte zeigt sich: Gott ist da, wo wir am Ende sind. Das ist das Wunder, das wir selbst auch erleben können. Oder erleben konnten? Gott sieht, wie wir dran sind, wie es uns geht, was uns fehlt. Wie er rettet, wie er hilft, das bleibt allerdings seine Sache. – Für uns gilt: Wer hofft, gibt zu, daß er angewiesen ist auf Hilfe, auf Zuwendung, auf eine Antwort … Wenn wir hoffen, sind wir offen für die Gaben, die Gott schenkt; wir leben die dem Evangelium gemäße Haltung des Empfangens. So sind wir ansprechbar für Gottes Geist, empfänglich für seine Inspiration, für seine Führung.

Unser Weniges vermehrt sich

Da die Hoffnung uns darauf verweist, daß Gott sich verbindet mit dem Unscheinbaren, dem Geringen, mit dem, was schwach ist und sich als arm erfährt, können wir uns in einigen Aspekten unseres Lebens in dieser Geschichte wiederfinden.

Glaubten wir nicht schon manches Mal, wir würden diese oder jene Aufgabe nicht schaffen?

Glaubten uns davor drücken zu müssen, weil wir uns ängstigten, unsere Fähigkeiten könnten nicht ausreichen oder unser Wissen?

Oder wir hatten Furcht, uns zu blamieren. Aber im Einlassen, im *Tun* erfuhren wir, was auch der Witwe von Sarepta geschah: Unser Weniges vermehrte sich. Wie oft wurden wir unserer Fähigkeiten erst dann voll bewußt, als wir erlebten, daß sie sich vermehrten, zusammen mit unserem Mut zum Risiko. Unser Selbstvertrauen blühte auf. Es war, als würden wir, Samenkörnern gleich, aus dem Dunkel aufbrechen zum Licht.
Jede/r von uns hat Fähigkeiten, die uns vielleicht lange verborgen blieben. Erst durch eine Aufgabe herausgefordert, haben wir sie entdeckt, entwickelt und vermehrt, uns selbst und anderen zur Freude und zum Nutzen. Dabei haben

wir erlebt, daß uns das ursprünglich Wenige zur Fülle anwuchs.

Welcher meiner Begabungen verdanke ich dies?

In welcher meiner Aufgaben erfuhr ich diese Vermehrung besonders?

Haben wir nicht gerade darin unseren Auftrag für die Menschen unserer Umgebung, für die Gesellschaft, für die Kirche erkannt und bestätigt bekommen?

Brosamen für die Hunde

Sie war eine Heidin, hörte von einem, der Kranke heilt, Dämonen austreibt. Ihre Tochter wurde von einem Dämon geplagt. Als sie Jesus die Bitte vortragen wollte, er möge ihre Tochter vom Dämon befreien, wollten die Jünger sie wegschicken. Sie wurde ihnen lästig! Und Jesus sagte ihr, er sei nur zu den Kindern Israels gesandt. Es sei nicht recht, ihnen das Brot vorzuenthalten und es den Hunden (Heiden) – also ihr – vorzuwerfen. Das harte Wort irritierte die Frau nicht. Sie nahm an, was er ihr sagte, und entgegnete: »Aber die Hunde bekommen die Brosamen, die vom Tisch ihrer Herren fallen«. Der erstaunte Jesus darauf: »Dein Glaube, Frau, ist groß. Geh, deine Tochter ist gesund« (vgl. Matthäus 15,21-28; Markus 7,24-28).

Die maßlose Zuversicht

Wieder zeigt sich, selbst das Winzige, Geringe, das schon Weggeworfene, das man den Hunden gibt, kann noch zum Zeichen einer Hoffnung werden. Nicht umsonst erinnert die Frau Jesus an die Brosamen, in die sie ihre maßlose Hoffnung investierte. Jesus ließ sich davon rühren und entsprach ihrer Bitte. Selbst sie, die Heidin, hatte einen Glauben, durch den sie die Gottesmacht Jesu unmittelbar erfahren hat. – Wir dürfen hoffen: Wäre unser Glaube, wäre unsere Hoffnung auch gering wie ein paar Brosamen, Gott würde nicht achtlos daran vorübergehen.

Der Mut, lästig zu fallen

Die Frau ließ sich nicht abweisen. Sie brachte den Mut auf, der notleidenden Tochter wegen, dem jüdischen Rabbi lästig zu fallen. Das war für sie, die Fremde, keine leichte Sache. Aber ihr Mut machte sie spontan »schlau«, schlagfertig; oder einfach antwortfähig, verhandlungstüchtig. Sie legt uns nahe zu fragen,

ob wir den Mut aufbringen, für unsere Überzeugungen, für wichtige Anliegen, für Menschen in Not anderen lästig zu fallen, auch Höhergestellten, die etwas bewirken;

in unserer unmittelbaren Öffentlichkeit den Finger auf Wunden zu legen, unter denen andere leiden;

uns selbst dabei zu riskieren, Partei zu ergreifen, Partei zu werden;

uns zu solidarisieren; uns zu jemandem zu bekennen. Wir ermöglichen denen Hoffnung, für die wir uns engagieren. Zu einer noch anderen Überlegung mag die Begegnung Jesu mit dieser Frau uns führen:

Hoffe ich, daß Jesus den Sinn meines Lebens kennt, den Sinn meiner derzeit vielleicht hoffnungslosen Situation? – Gerade deshalb, weil ich selbst den Sinn nicht sehen, nicht finden kann?

Wie groß auch unsere kleingläubige Hoffnung sein mag, trauen wir Gott zu, daß er uns selbst, oder jemanden, den wir lieben, in einem tieferen Sinn heilen kann? In seinem Sinn?

Wir haben Gottes Hilfe wohl auch schon ganz anders erfahren, als wir erwartet, erbetet haben.

Nur ein Kleidersaum

Sie war eine Langzeitkranke. Von vielen Ärzten behandelt, war ihr Vermögen bereits verbraucht, nicht aber ihre Hoffnung, dennoch gesund zu werden. Sie hört von Jesus, macht sich auf den Weg, mischt sich unter die Leute. In der Menge geht sie unter und die Aussicht schwindet, zu Jesus vorzudringen und ihm ihr Leiden zu erzählen. Zwölf Jahre – wohl ihre besten Lebensjahre – leidet sie am Blutfluß. Ihre Lebenskraft rinnt aus ihrem Körper. In dem Gedränge der

vielen Leute findet ihre Hoffnung, weil sie unterwegs ist zu
Jesus, eine letzte Aussicht: Wenn ich nur den Saum seines
Gewandes berühre, dann ..., sagt sie sich. Jesus fühlt ihre
Berührung, wendet sich ihr voll zu, schenkt ihr seine ganze
Aufmerksamkeit. Plötzlich wird diese kranke Frau zum
Mittelpunkt des Geschehens. Augenblicklich hören die Blu-
tungen auf, sie wird heil, gesund. Sie erlebt, daß Jesus sie
zur Ganzheit ihres Lebens bringt. Unter den Augen der
vielen Menschen (Lukas 8,42-48 parr.).

Heilende Berührung

Die Leidensgeschichte dieser Frau wird erzählt als eine
Hoffnungsgeschichte. Wieder entdecken wir Haltungen, die
in der Hoffnung wirksam sind: Ausdauer, Zähigkeit, Durchhalten trotz aller Mißerfolge. Vor allem können wir über
den Mut der Frau erstaunt sein. Denn diese Krankheit machte
sie unrein vor dem Gesetz. Danach wurden auch jene unrein,
die sie berührte. Doch ihre Hoffnung, die sie auf den Mann
aus Nazareth richtete, war stärker als alle Angst vor Geset-
zesübertretung und Öffentlichkeit. Die Gegenwart Jesu bot
ihr genug Schutz. Es war nur der Saum, nach dem sie griff.
In eine winzige, doch alles entscheidende Gebärde investierte
sie sich ganz, überwand Zweifel und Ängste und berührte
den Heiland aller Menschen; glaubend und hoffend erlangte
sie die Heilung ihrer Krankheit. Ihre Glaubenshaltung und
ihre Hoffnung ließen die heilende Gotteskraft Jesu über sie
kommen. Er gewährte ihr, was sie von ihm ersehnte.

Lebenswunden verzehren Kraft

Wer hofft, gibt zu, daß er nicht vollständig ist, daß ihm irgend etwas fehlt, daß er irgendwo »krankt« oder ihn irgend etwas »kränkt«, auch, daß er schwach ist, Hilfe braucht. Wenn wir uns in diese Frau nicht nur hineinversetzen, sondern uns sagen: Ich bin es, die/der krank ist und geheilt werden möchte, können wir vielleicht die folgenden Gedanken mitvollziehen:

Der kranken Frau floß über eine lange Zeit die Lebenskraft aus dem Leib. Ich frage mich: Welche Lebenswunden verzehren meine Kraft?

Woran leide ich schon so lange, daß meine Lebensenergie geschwächt ist oder sich gar zu erschöpfen droht?

Mit wem müßte ich mich (endlich) versöhnen (lassen)? Oder halte ich fest an schmerzhaften Erinnerungen, die ich nicht hergeben kann oder will? Und warum?

Wie gehe ich mit alltäglichen Verletzungen und Verwundungen um, die mir angetan werden? Und wie mit jenen, die ich anderen zufüge?

Fällt es mir eher schwer oder leicht, mich zu entschuldigen? Zu vergeben? Mich zu versöhnen?

In welchen Lebenssituationen habe ich die heilende Gottesmacht Jesu und in ihr mein Ganz-Sein, mein Heil-Sein erfahren?

Das Neue wandelt das Alte

Die Hoffnung hat zu tun mit Neuem. Denn Hoffnung verweist auf Kommendes, auf noch Unbekanntes, Fremdes. Daher löst das Neue in uns einerseits eine positive Spannung aus. Ohne sie würde das Leben stehen bleiben, unsere Energien würden vertrocknen, weil sie nicht zum Einsatz, nicht zur Erprobung kommen. Wären wir doch ohne Neu-auf-uns-Zukommendes ohne Verlockung, ohne uns fordernde Ziele. Andererseits ängstigt uns das Erstmalige. Wir wissen vorher nicht, wer wir ihm gegenüber sein werden. Wir wissen nicht, wie es uns damit ergehen wird, ob wir versagen oder bestehen können. Oft spielt die Furcht mit, Neues könnte uns aus unserem Gewohnten, Sicheren, schon Erworbenen aufscheuchen und uns ins Ungesicherte treiben. Wir wissen nicht, ob das Neue, Andere, unseren geistigen oder auch materiellen Besitz erhalten, mehren, verringern oder ihn uns gar nehmen wird.

Solche und andere Ängste lassen uns Neues meist zwiespältig erleben. Treibt es uns doch – manchmal in einen umfassenden – Wandlungsprozeß. Meist werden mehrere Lebensbereiche oder gar tief eingewurzelte, vielleicht noch aus unserer Kindheit stammende Beziehungsmuster aufgedeckt und aufgefordert zur Veränderung. Diesen Vorgang erleben wir als Konflikt. Wir stehen mitten in der Auseinandersetzung zwischen dem, was sich in unserem Leben schon bewährt hat und dem noch Unbewährten. Wir haben noch keine Erfahrung damit machen können. Obwohl wir Lernprozesse seit unserer Kindheit als etwas Bereicherndes, Beglückendes, unser Dasein Erweiterndes erlebt haben, kennen wir auch, was daran anstrengend und fordernd ist.

Wir können gar nicht anders leben, als offen zu sein für das Unbekannte. Jeder Tag ist neu, bringt Neues und schon Bekanntes auf neue Weise an uns heran. Wir selbst sind auf Neues aus. Dazu sagt uns Paulus: »Prüfet alles, das Gute behaltet« (1 Thessaloniker 5,21). Darin steckt der Anruf zur Unterscheidung und Entscheidung. Beides erfordert Wachheit, auch Entschiedenheit. Zunächst aber brauchen wir die Fähigkeit des Wahr-Nehmens, auch eine gewisse Leidenschaft des Suchens, des Erkennen- und Erfahren-Wollens.

Der Liebhaber des Neuen

Von der Auseinandersetzung mit Neuem erzählt die Bibel häufig. Gott ruft die Menschen immer *neu* auf, Altes hinter sich zu lassen, sich auf den Weg zu machen und sich den Überraschungen des Weges zu stellen. Jesus mahnt seine Jünger, sie sollen auf den Weg kein Gepäck mitnehmen (vgl. Lukas 10,4). Sollen sie »leicht« und beweglich bleiben, um sich auf Unvorhersehbares jederzeit einstellen zu können? Solches Gepäck könnten heute überlebte Traditionen, überholte Gottesbilder, falsche Moralvorstellungen oder Festschreibungen auf bestimmte Rollen sein, die uns hindern, Neues und Wichtiges wahrzunehmen, und aus einem mutigen und vertrauenden Glauben heraus, neuartig zu antworten.

Das Neue ist ein wichtiges Thema im *Neuen* Testament. Da finden wir Worte wie: eine *neue* Lehre (Markus 1,27); man füllt den *neuen* Wein nicht in alte Schläuche (Markus 2,22); das *neue* Gebot der Liebe (Johannes 13,34); der *neue* Weg (Hebräer 10,19); in Christus sind wir ein neues Geschöpf (2 Korinther 5,17); damit ihr ein *neuer* Teig seid (1 Korinther

5,7); wandelt euch durch ein neues Denken (Römer 12,2); ihr seid Diener des *neuen* Bundes (2 Korinther 3,6); das Alte ist vergangen, siehe, es ist *neu* geworden (2 Korinther 5,17); ziehet den *neuen* Menschen an (Epheser 4, 24); ich will euch einen *neuen* Namen geben (Offenbarung 2,17); sie sangen ein *neues* Lied (Offenbarung 5,9); das neue Jerusalem (Offenbarung 21,2); siehe, ich mache *alles neu* (Offenbarung 21,5). Und schon im Alten Testament wird der *neue* Himmel und die *neue* Erde verheißen (Jesaja 65,17).

Diese Stichworte sagen uns, daß Gott immer anders, immer auf neue Weise da ist in unserem Leben. Die unverhofften, unvorhersehbaren Ankünfte und Anrufe Gottes erzeugen in uns eine Spannung, die uns Wachheit und Aufmerksamkeit abfordert. Sie gipfelt in der Frage, die wir uns täglich stellen werden: Was will Gott von mir? Was ist heute sein Wille für mich? Dieses Hineinschauen in die gegenwärtigen Augenblicke unseres Lebens, das Hineinfragen und -hören in die oft komplexen Situationen unseres Alltags, braucht Hoffnung als *Weg*-Tugend. Sie trägt die Spannung zwischen dem Jetzt und dem Dann. – Sie ist die Brücke, die uns von dem Schon-Gelebten und Bekannten hinführt zu dem neu von uns Geforderten. Wenn wir das Neue zulassen, findet eine Wandlung des »Alten« statt. Das, was wir schon geworden sind, erneuert sich Tag für Tag.

Die »alten Paare«

Wir werden an den »alten Paaren«, von denen hier erzählt wird, sehen, wie Menschen auf das unerwartet Neue, mit dem Gott in ihren geordneten und frommen Alltag hereinbrach, reagierten; sehen, wie Gott alte, innere und äußere Strukturen aufbrach und durch das Neue veränderte; sehen, wie weit unsere Gedanken entfernt sind von den Gedanken

Gottes, unsere Wege von den seinen; sehen, daß die Erfüllung seiner Verheißungen das von uns immer Unverhoffte, Nicht-Erhoffbare, Nicht-Vorstellbare ist. Denn die Möglichkeiten, die Gott für uns hat, zeigen sich meist dort, wo wir mit den unsrigen am Ende sind. Das muß wohl so sein, damit wir sein Wirken als das seine auch erkennen und anerkennen können. Sind wir doch in der Gefahr, alles uns selbst zuzuschreiben, selbst-herrlich zu werden.

Aus alten Eltern erweckt Gott sich ein neues Volk

Der große Lebenswunsch

Das Buch Genesis erzählt (18,11-13), der Frau Abrahams, Sara, »erging es längst nicht mehr, wie es Frauen zu ergehen pflegt«. Sara lachte daher still in sich hinein, als ihr Mann von Gott versprochen bekam, sie würden einen Sohn bekommen. Sie dachte: »Nachdem ich längst verblüht bin, soll mich noch sinnliches Verlangen ankommen? Auch ist mein Herr schon ein alter Mann.« Sara hat ihre Lebenshoffnung auf einen Sohn mit dem Schwinden ihrer leiblichen Fruchtbarkeit aufgegeben. Nun ist sie alt und nicht mehr darauf eingestellt, daß sich in ihrem Leben noch etwas ändern könnte. Ihre Möglichkeiten sind bereits erstorben. Sie lacht, weil es aller Vernunft und all ihrer Erfahrung mit ihrer Leiblichkeit widerspricht, jetzt noch ein Kind zu bekommen. Vielleicht denkt sie aus ihrem Lebenswissen heraus: Was diese Männer bloß reden. Männergeschwätz. Das erinnert mich an die Jünger, die mit dem abfälligen Wort »Weibergeschwätz« der Botschaft der Frauen, Jesus lebe, mißtrauten.

Beidesmal ging es um neues Leben. Beidesmal zeigt Gott, daß seine Möglichkeiten unser menschliches Denken und Wissen zu sprengen vermögen. – Sara wurde tatsächlich schwanger. Sie gebar Isaak. In alten Menschen erweckte Gott sich ein neues Volk. Das Volk Israel.

Der große Lebenswunsch, die Lebenshoffnung, einen Sohn zu bekommen, begleitet das Ehepaar durch all seine fruchtbaren Jahre. Ein Wunsch, der mit ihnen uralt wurde, und der für jeden von ihnen existentiell wichtig war, wurde die ganze Lebenszeit hindurch nicht erfüllt. Nach damaliger Auffassung konnte Sara ihre Identität als Frau nur finden durch Kindergebären. Auch einen Mann sah man nur als vollgültig an, wenn er einen Erben vorweisen konnte. Je mehr die Hoffnung auf ihn dahinschwand, kamen Schmerz, Enttäuschung, wohl auch Bitterkeit in ihnen auf. Diese zeigte sich in der Behandlung und Vertreibung der Magd Hagar, die ebenso einen Sohn Abrahams zu Welt brachte. – Erst als sie alt und grau waren, bekam ihr uralter, mit Kümmernis beladener Wunsch nach einem Kind: *Leben*.

Eingekapselte Lebensenergie

Manchen alten Menschen mag es so ergangen sein, daß ihnen existentiell wichtige Lebenshoffnungen und Lebensträume nicht erfüllt wurden. Waren es die Umstände, die dies verhinderten, war es die eigene Bequemlichkeit, die Unentschlossenheit, die Angst vor dem Neuen, vor dem Risiko? Manche alte Menschen, die an Lebensenttäuschungen leiden, sind vielleicht darüber bitter geworden. Wenn Lebenswünsche nicht erfüllt worden sind, sind wir leicht in der Gefahr, die in sie investierten Energien in einem inneren Trotz einzukapseln.

In diesem Zusammenhang ergibt sich die Frage, wie wir selbst mit unerfüllten Lebenswünschen umgegangen sind, wie wir heute damit umgehen.

Ob wir fähig waren oder sind, die für den unerfüllten Wunsch aufgebrachten Energien auf andere Aufgaben, Ziele oder Menschen zu übertragen und sie so für unser und das Leben anderer fruchtbar zu machen.

Oder ob wir in jenem Teil unserer Person alt und starr geworden sind.

Aber auch dem schon Altgewordenen gilt die Verheißung des Neuwerdens.

Neue Fähigkeiten im Alter

Der Zukunftsforscher Robert Jungk sagt: »Je mehr die Verbrauchsfolgen des Lebens in Erscheinung treten, entwikkeln sich ebenso allmählich *neue* Fähigkeiten, die eine höhere Phase der Existenz einleiten und Erweiterung, Verknüpfung, Vertiefung ermöglichen. In dem Maße, wie die Sehkraft abnimmt, können innere Bilder wahrgenommen werden, wie das Gehör zurückgeht, melden sich bisher nicht vernommene Stimmen. Jetzt erst wird das als selbstverständlich hingenommene Leben als kostbar empfunden.« Gerade der alte Mensch ist gerufen, seine endgültige Identität zu finden. Zu dieser kann eine größere innere Freiheit gehören, eine bisher nicht erreichte geistige Unabhängigkeit, eine neue Dankbarkeit und eine nochmals andere Lebensfreude. Der alte Mensch kann Weisheit finden und eine tiefere Gotteserkenntnis. Eine vierundneunzigjährige Frau sagte zu ihrer Nichte: »Ich mußte achtzig Jahre alt werden, bis mir aufging, wer Christus für mich ist.«

Die innere Lebendigkeit und geistige Aufgeschlossenheit ist die Jugendlichkeit des alten Menschen. Auch in ihm kann noch Neues aufblühen, aufstehen. Auch in einem alten Menschen kann noch ein Kind wohnen, das geboren werden will. Und auch der alte Mensch kann die Geburtswehen für seine werdende und kommende Lebensgestalt noch erleiden müssen. Beim Besuch einer Bekannten in einem Altenheim sagte mir die Sechsundsiebzigjährige, sie mache zur Zeit eine schwierige Zeit durch. Sie hätte sich noch mit ihrer Mutter auseinanderzusetzen, um endlich innerlich Frieden mit ihr zu bekommen. So können alte Lebensaufgaben und Lebenswünsche noch zu ihrer »Erfüllung« finden.

Nicht jung, sondern neu

Vor Gott heißt der Gegensatz zu »alt« nicht »jung«, sondern neu! Man kann an Jahren jung sein und doch starre Strukturen in sich haben, die uns daran hindern, lebendig zu sein. Und man kann als alter Mensch darauf vertrauen, daß Gott auch dann noch Neues wecken und schaffen kann, wo man es selber zwar möchte, aber aufgrund natürlicher Alterungsprozesse es nicht mehr kann. Denn die Hoffnung, daß Gott an uns handelt, daß er es ist, der uns vollendet, sie hält lebendig für das neue, das endgültige Leben.

Immer ist für uns die Frage aktuell, welches »Kind der Verheißung« wir (noch) auf diese Welt zu bringen haben. Schließlich ist in uns die Verheißung angelegt, daß wir werden können, wer wir nach Gottes Absicht sind. Folgen wir deshalb den Überlegungen, zu denen uns Saras Geschichte anregen kann:

Gibt es einen vergrabenen Lebenswunsch, der für mich existentiell wichtig ist?

Was in mir ist »alt« oder fast erstorben?

In welchem Teil meiner Person fühle ich mich erneuerungsbedürftig?

Oder: Wohin geht meine tiefste, innerste Lebenssehnsucht? Und wie kann ich ihr Raum geben in meinem Leben?

Oder: Woran halte ich mich fest, was möglicherweise dem Neuen entgegensteht, das Gott in mir oder durch mich will?

In einem Kurs für ältere Menschen lud ich die Gruppe zu einer Malübung ein. Die TeilnehmerInnen sollten ein Symbol malen, das ihr momentanes Lebensgefühl ausdrücken kann. Eine 65jährige malte sich, auf einen Berggipfel zugehend, als schwangere Frau. Überraschung in der Gesprächsgruppe. Die Frau erklärte: Ich fühle mich schwanger mit göttlichem Leben. Das macht mich maßlos glücklich. – Wenige Wochen danach stürzte sie in ihrem Haus eine Treppe hinunter und verunglückte dabei tödlich. Man vergegenwärtige sich die Bilder, in denen ihr Unbewußtes, das mehr sah, als ihr Wachbewußtsein, sich ausdrückte: der Berggipfel – sie war auf der Höhe des Lebens. Sie war schwanger; also voller Leben, voll mit neuem Leben. Und sie war lebenssatt. – Sie konnte und durfte dahin gehen, wo sie das neue Leben erwartete.

Das gilt auch für das Älterwerden und Altsein. Denn immer noch steht aus, in die Vollgestalt Jesu Christi hineinzuwachsen. Immer noch sind wir erst daran, Kinder Gottes zu werden. Aber: Welche Verhärtungen, Verfestigungen, welche zementierten Standpunkte, oder welche alten Ängste lassen mich wie Sara denken: Es kann und braucht in mir nichts mehr anders oder neu zu werden. Das Kind ist Symbol für neues Leben, ein Kind *ist* neues Leben. Mit einem Kind fängt die Welt neu an.

Wir sind nie zu alt, mit uns selbst neu anzufangen. Selbst der Tod bleibt neu für uns. Wir kennen ihn erst, wenn er da ist. Unvergängliches Leben gewinnen wir nur durch ihn hindurch.

Das Neue verschlug ihm die Sprache

Noch einmal geht es um ein Kind, wieder um ein schon altgewordenes Ehepaar. – Was will Gott ihm, einem alten Mann und seiner schon alten Frau mit dieser Nachricht zumuten? Zacharias brachte im Tempel das Rauchopfer dar. »Gabriel, der vor Gott steht«, kam ihm dazwischen mit der Botschaft, Elisabeth werde ein Kind bekommen, dem er den Namen Johannes geben solle. Dieser sein Sohn werde groß sein vor Gott ... Unmöglich! war die erste spontane Reaktion des erschrockenen Mannes. Der Zweifel fuhr in ihn: »Woran soll ich denn erkennen, daß das wahr ist?« Wieso soll gerade jetzt mein lebenslanger Wunsch in Erfüllung gehen, jetzt, da alle natürlichen Voraussetzungen für eine Geburt vorbei sind? Diese Verheißung, die jeglicher Vernunft und Erfahrung widerspricht! Dieses Neue, das da über ihn hereinbrach, verschlug ihm die Sprache. Er verstummte, bis das Kind geboren war (vgl. Lukas 1,5-25).

Angesichts der Überraschung, daß ein wichtiger Lebenswunsch jetzt noch in Erfüllung gehen sollte, erstarrte der Mann. Auf eine solche Möglichkeit war er nicht mehr eingestellt. Alles lief in seinen Bahnen, im gewohnten Gang. Die ehemals in den Lebenswunsch investierte Energie und Lebendigkeit, die Erwartung, die Hoffnung ... sind sie vielleicht aufgesogen worden, versackt im Gesetzesgehorsam, in der Erfüllung von Regeln, Geboten, Vorschriften? War die innere Hörfähigkeit, die Flexibilität, die Wachsamkeit, die Sensibilität erstarrt, so daß er auf Überraschendes, Neues nicht mehr reagieren konnte? Es wird berichtet, Zacharias und seine Frau Elisabeth »waren rechtschaffen und fromm und lebten in allem streng nach den Geboten und Vorschriften«. Ist ihnen die innere Suchbewegung, was Gott außer Gesetzesgehorsam von ihnen erwarten könnte, dabei verloren gegangen? Gewiß, dem frommen Juden war ein Leben nach dem Gesetz gottwohlgefällig, es machte ihn vor Gott und Menschen gerecht.

Aus allen Gewohnheiten gejagt

In dem Augenblick, da der Engel Zacharias den Plan Gottes mitteilte, zeigte er keinerlei Bereitschaft, sich darauf einzulassen. Vielleicht wollte er seine Verbitterung über seine Kinderlosigkeit gar nicht mehr aufgeben? Vielleicht hatte er sich in seiner Gottesenttäuschung eine Trotzhaltung zugelegt, aus der er nicht so schnell heraus konnte oder wollte? Die Botschaft des Engels jedenfalls fand bei ihm keinen Raum. Obwohl er gerade in dem Gott vorbehaltenen heiligen Raum des Tempels weilte und dort Gottesdienst hielt. Als der Bote kam, fehlte ihm jede Offenheit. Ihm fehlte die Fähigkeit, sich von Gott ansprechen und überraschen zu lassen. In diesem Augenblick war er völlig überfordert, sich auf Gottes Plan einzulassen, sich mit dem Neuen konfrontiert zu sehen. Gott aber jagte ihn und seine Frau aus allen bisherigen Gewohnheiten, in die sie eingewachsen und darin alt geworden waren: Ein Kind stellt das ganze Leben auf den Kopf, krempelt alles um: die Gefühle, das Denken, den Organismus der Frau, die sorgfältig aufgebaute Tagesordnung, die Zukunftspläne.

Zacharias und Elisabeth mochten in ihren ersten Reaktionen gedacht haben: In unserem Alter noch ein Kind! Wir werden uns das doch nicht antun! Diese Mühe, diese Anstrengung! Woher sollen wir dafür die Kraft nehmen, wie seine Streiche, wie seine Fragen aushalten, beantworten? Auch Menschenfurcht mag mitgespielt haben: Was werden die Leute denken? Von Elisabeth heißt es, daß sie, nachdem sie schwanger war, fünf Monate lang zurückgezogen lebte. Auch sie hatte damit zu tun, das Neue zu verkraften, ihre längst begrabene Lebenshoffnung plötzlich erfüllt zu sehen. Die dem Kind geltende Verheißung wies – ähnlich wie bei Sara und Abraham – weit über die privaten und familiären Wünsche hinaus. Euer Sohn wird groß sein vor Gott! – Welche Freude, wenn sie hätten ahnen können, daß der Sohn den Gesandten Gottes erkennen würde? Welche Ängste, hätten sie geahnt, was diese Sendung den Sohn kosten würde!

Aber der Plan Gottes, auf den der Engel hinwies, bleibt für sie im Dunkel des Glaubens. Das gleiche gilt für jedes Menschenleben. Sein Sinn ist uns verborgen, während Gott um ihn weiß.

Der Engel-Einbruch

Der Engel Gabriel, der vor Gott steht, brach mit seiner Botschaft in den geordneten Alltag alter Leute ein. Hat dieser Engel-Einbruch auch für uns eine Bedeutung? Gabriel, der vor Gott steht: Könnten wir ihn als jene leise Stimme in uns verstehen, die uns lockt, mahnt? Die aufruft, aufzubrechen aus Altem, Überholtem in ein tieferes, wesentlicheres Leben, als wir es im Augenblick führen? Oder als immerwiederkehrender Impuls, als innere Aufforderung, dies oder jenes anders zu machen, Mut zu haben zu einer vielleicht längst anstehenden Versöhnung? Diese »innere Stimme« kann sich aber auch zeigen als länger andauernde Unzufriedenheit, als innere Leere, als tiefes Unbehagen, als Traurigkeit. Es ist nicht leicht zu bestimmen, woher sie kommt. Diese Gestimmtheiten unserer Seele können die andere Seite unserer – uns selbst nicht eingestandenen – tiefsten Lebenssehnsucht, unserer Gottessehnsucht, unserer Gottbedürftigkeit sein! »Meine Seele lechzt nach dir, wie ausgetrocknetes Land ohne Wasser« (Psalm 63). So formuliert der Psalmist unseren Gottesdurst, dem nur Gott entsprechen kann. Denn er stammt von ihm. Mit ihm zieht er uns an sich.

Wir müssen uns fragen lassen, ob wir mit unseren eigenen inneren Impulsen, unserem inneren Leben in Kontakt sind.

Wie wir mit unseren Lebensenttäuschungen, mit Verwundungen, mit Verletzungen, mit unerfüllten Lebenswünschen umgehen.

Leicht sind wir in Gefahr, uns durch Enttäuschung lähmen und verbittern zu lassen.

Unsere Menschenfurcht

Zacharias und Elisabeth fiel es wohl auch aus Furcht vor
den Menschen heraus schwer, dem Plan Gottes spontan
zuzustimmen. Es geht uns doch oft so: Was werden die
Leute sagen? Was denkt meine Familie von mir, wenn ich
plötzlich »anders« bin, als ich es vor einem Exerzitienkurs,
einem Lehrgang, gewesen bin? Wieviel Mut brauche ich
in meiner Umgebung, meine Veränderungsimpulse zu verwirklichen? Welche Scheu muß ich wem gegenüber überwinden? Kann ich erklären, warum ich manches anders
machen will? – Wie gehe ich mit inneren und äußeren
Widerständen um?
Gegen alle Zweifel, gegen alle Vernunft geschah dem alten
Ehepaar das Wunder einer Geburt. Dafür mußten sie sich
dem Leben öffnen, dem umstürzend Neuen, mit dem Gott
sie herausforderte, sich auf *seine* Pläne einzulassen. Wer das
tut, so belehrt uns die Bibel, so belehren uns die großen
Heiligen, verläßt den Bereich hinter den Sicherheitsgürteln.
Er tritt ins Offene seines Gewissens. Dort redet der »Engel
Gabriel, der vor Gott steht«. Auch zu uns.

Was hilft mir, mich für den Plan Gottes mit meinem Leben
offen zu halten? Gerade dann, wenn der Alltag mit seinen
Anforderungen dies schwer macht oder gar verhindern will?

Unter seinem Angesicht

Zacharias und Elisabeth »lebten streng nach allen Geboten
und Vorschriften«. Drängt sich uns angesichts des Sicher-
heitsbedürfnisses in unserer Kirche nicht die Frage auf: Kann
man »stumm« werden, erstarren, wenn man um sich einen
Sicherheitszaun baut aus Gesetzen, Ängsten, Vorschriften?
Büßt hinter einem solchen Zaun die Botschaft des Wortes

Gottes nicht viel von ihrer Lebendigkeit ein? Muß sie nicht dürr und lebensfern werden, wenn sie nicht unmittelbar konfrontiert wird mit den Fragen, Nöten, Freuden, Konflikten, dem Scheitern und dem oft nur spärlichen Gelingen menschlichen Lebens? Ist Gott nicht der, der in die Erfahrungen hineinführt und herausführt? Hält er nicht seine Hand über uns? Beschützt er uns nicht wie der Adler, der seine Schwingen ausbreitet und seine Jungen flügelschlagend davonträgt? (Deuteronomium 32,11) Sollten wir uns nicht frei fühlen unter seinem Angesicht? Frei, nach seinen großen Weisungen unseren Weg zu suchen und unser persönliches Leben zu finden? Unter seinem Angesicht: angeredet durch ihn und ihm antwortend durch unser Leben?

Was aber haben dennoch Gebote für einen Sinn? Sie haben die Funktion eines Stachels, der uns mahnen soll, mehr zu sein, als Gesetze es je formulieren können. Sie fordern uns auf, unsere Lebensrichtung immer wieder zu überprüfen und uns offen zu halten für die überraschenden Anrufe Gottes.

Sie hielten ihre Hoffnung wach

Ein Paar aus innerster Verwandtschaft

Zwar anders als Zacharias und Elisabeth, anders als Sara und Abraham waren doch auch Simeon und Anna ein Paar. Ein Paar aus innerster Verwandtschaft, weil geeint in der bewußten Erwartung des Messias, des Gesalbten. Hochbetagt waren Simeon und Anna, als sie zum Tempel kamen. Anna war 84 Jahre alt und lebte seit ihrer Witwenschaft im Tempel. In jenem Augenblick, da Maria und Josef mit dem Kind den Tempel betraten, um es dem Brauch gemäß beschneiden zu lassen, wurden die beiden von der Erkenntnis Gottes erfaßt: Das ist das Kind, das uns das Heil bringen wird! Heil, das Jahrtausende ersehnten: »Meine Augen haben das Heil geschaut«, sagt Simeon in diesem Augenblick. Vom Heiligen Geist war ihm geoffenbart worden, er werde den Tod nicht schauen, ehe er den Messias des Herrn gesehen habe. Von Anna berichtet der Evangelist Lukas: Sie redete von nun an zu allen von diesem Kind! Gilt nicht schon von ihr, was Petrus nach der Auferstehung Jesu sagen wird: »Wie könnten wir von dem schweigen, was wir gehört und gesehen haben« (Apostelgeschichte 4,20). Anna sagte allen, die sie traf, daß sie den Messias gesehen habe. So übte sie noch als alte Frau ihr Prophetenamt aus (vgl. Lukas 2,21-38).

Die gleiche Sehnsucht einte sie

Simeon und Anna repräsentierten in ihrer Messiashoffnung das Volk Israel, dem der Retter verheißen war. Aber niemand kannte den Zeitpunkt seines Kommens. Die beiden alten Menschen hielten in ihrem Herzen die Sehnsucht nach dem Messias wach, die ihnen der Heilige Geist ins Herz gegeben hatte. Sie hofften ein Leben lang, ihn zu schauen. Ist es nicht erstaunlich, daß nichts von dem, was einen Menschen im Leben verlocken kann, diese Hoffnung in ihnen erstickte, daß immer ein Platz frei war für den, den ihre Augen schauen wollten, noch in diesem Leben?

Anders als gedacht

Wieder haben wir es mit einer für beide Menschen existentiell wichtigen Hoffnung zu tun, die ihr Leben ausfüllte und prägte. Jetzt, im Alter, wurden Simeon und Anna sehend für den entscheidensten Kairos ihres Lebens, für den Augenblick, in dem Gott in ihr Leben kam. Ihnen gingen die Augen auf bei seiner überraschenden Ankunft. Auch dafür, wie er kam. Sie erkannten ihn in einem kleinen Kind. Ganz gewiß hatten sie sich, wie andere Menschen, den Gesalbten des Herrn anders vorgestellt: mächtig und gewaltig, herrscherlich. Was mußten sie in diesen langen Sehnsuchts- und Hoffnungsjahren aufgegeben haben an Vorstellungen über den Messias. Wie viele Wandlungsprozesse mußten sie durchlitten haben, um an nichts mehr festzuhalten, was sie sich über sein Kommen ausgedacht hatten. Wie sehr mußte ihre Hoffnung sich von allen eigenen Wünschen und Bildern ausbleichen, leerleiden, so daß sie an nichts Eigenem hängen blieben, sondern offen wurden für das Jetzt und Wie seiner Ankunft. Mit wenigen waren sie, die »Alten«, »die Heutigen« ihrer Zeit, als sie den erkannten, der in sein »Eigentum kam, die Seinigen ihn aber nicht aufnahmen«, wie Johannes schreibt (Johannes 1,11).

Wer sich nur einrichtete im Alten, im Sicheren, in den Gewohnheiten, war nicht offen für das Neue, das mit diesem Kind anfing. Ihnen gingen die Augen des Herzens nicht auf für das Kleine und Unscheinbare, in dem sich Gott verbarg, um mit uns Menschen neu anzufangen. Wie tief müssen wir uns hinunterbeugen, wenn wir auf dem Niveau Gottes ankommen wollen, auf dem er für gewöhnlich zu uns gewöhnlichen Menschen in den allergewöhnlichsten Gestalten und Situationen kommt. Bekommt nur, wer sich hinunterbeugt, offene Augen?

Um nicht zu schlafen, wenn die Sonne aufgeht

Ein Schüler fragte den Meister: »Kann ich irgend etwas tun, um erleuchtet zu werden?« »Genausowenig, wie du dazu beitragen kannst, daß die Sonne morgens aufgeht.« »Was nützen dann die geistlichen Übungen, die ihr vorschreibt?«

»Um sicher zu gehen, daß du nicht schläfst, wenn die Sonne aufgeht.« (aus: Anthony de Mello, »Eine Minute Weisheit«, 86,67)

Was tue ich dafür, in meinem Alltag das innere Wissen von der Ankunft Gottes in meinem Leben aufrecht zu erhalten, es zu beleben, daraus zu leben?

Könnte es sein, daß ich etwas aufgeben müßte, um diese Lebenshoffnung in mir wachzuhalten?

Welche tägliche Übung hilft mir dazu, nicht zu schlafen, »wenn die Sonne aufgeht«?

Gab es eine Erfahrung in meinem Leben, wo ich so etwas wie »das Heil Gottes« geschaut, verkostet, erlebt habe? Wie kann ich diese beschreiben?

Was tue ich dafür, solche Erfahrungen nicht untergehen zu lassen?

Welchen Stellenwert nehmen sie in meinem Leben ein?

Die Prophetin Anna redete nach ihrer »Schau des Heils« zu allen über den Messias. Mit wem kann ich über meine Gotteserfahrungen, über meine Gottessehnsucht sprechen?

Um den Menschen Heil zu bringen, kam Jesus in die Welt. Wo kann ich in meinem konkreten Alltag, meiner Lebenswelt »Heil« bringen?

Wo kann ich z.B. Versöhnung vorbereiten oder bewirken?

Wie, wodurch kann ich in meinen Beziehungen etwas von der in Jesus gekommenen Menschenfreundlichkeit Gottes spürbar werden lassen?

Wo wäre es z.B. nötig, dafür einzutreten, daß Menschen, denen es daran mangelt, Achtung und Respekt in ihrer Umwelt erfahren? Vielleicht Notleidende, Asylbewerber ...?

In ihre Mitte stellte er ein Kind

Jesus nahm ein Kind, stellte es in ihre Mitte, nahm es in seine Arme und sprach zu ihnen: Wahrlich ich sage euch: Wer das Reich Gottes nicht annimmt wie ein Kind, wird nicht hineingelangen (Markus 9,33-37; Matthäus 18,1-5; Lukas 9,46-48).
Diese Worte gehören zum *Kern des Neuen* in der Verkündigung Jesu. Alle drei synoptischen Evangelisten erzählen diese Begebenheit im Zusammenhang des Jüngerstreites über die Frage, wer denn der Größte unter ihnen sei. Seine Umarmung des Kindes und seine Worte waren die Antwort Jesu auf ihre Sorge um Vorrang und Macht. Ein Kind galt nichts oder nicht viel in der damaligen Gesellschaft. Ein Kind hatte nichts zu sagen. Es hatte keine Stimme, kein Recht,

das Kind stand am letzten Platz. Es war unbedeutend, blieb unbeachtet von jenen, die das Sagen hatten. Jesus aber stellte es in ihre Mitte. In die Mitte all der erwachsenen, selbstbewußten, prestige- und leistungsbewußten Männer und Frauen mit dem Appell: Wenn ihr nicht werdet wie dieses Kind … Damit sagt er uns, daß wir uns das Reich Gottes nicht durch Leistung gewinnen, nicht verdienen können; wir können es uns nur schenken lassen.

Wie ist ein Kind?

Ein Kind ist von sich aus total arm, angewiesen auf andere. Es ist abhängig. Weil es nichts hat und besitzt, muß ihm alles gegeben werden, was es zum Leben braucht. Deshalb, weil es sich alles Lebensnotwendige schenken lassen muß, wird an ihm die existentielle Armut unseres Menschseins exemplarisch offenbar. Darin lag und liegt wohl für viele Menschen das Ärgerliche an der Aufforderung Jesu, zu werden wie ein Kind. Man ist schließlich jemand, man hat es zu etwas gebracht.

Ein Kind ist arm und von daher empfangsbereit, empfänglich für Gaben. Es hat leere, aber stets offene Hände und läßt sie sich füllen. Nur wer »Kinderhände« hat, kann empfangen, was Gott geben will, – das ist die Belehrung Jesu.

Ein Kind ist nicht fertig, es lernt Tag für Tag Neues. Es staunt über ihm Unbekanntes, ist offen für Überraschungen. Ein Kind ist immer am Anfang. Es lebt auf Zukunft hin. Ein Kind *ist* Hoffnung.

Ein Kind ist voller Vertrauen, es ver-traut. Das ist das Geschenk seiner Armut, das andere reich und glücklich macht. Sein Vertrauen läßt es unbeschwert leben.

Ein Kind ist dankbar. Es freut sich am Kleinen, Unscheinbaren. Es macht uns unsere übersteigerten Lebensansprüche bewußt. Ein Kind kann staunen, erschauern vor Glück und jauchzen vor Freude.

Ein Kind ist spontan und kreativ, es lebt ganz aus seiner Mitte, kann deshalb – wenn es nicht gehindert wurde – lange Zeit in meditativer Weise spielen, bei sich sein. Ein Kind ist emotional reich. Es hat einen unmittelbaren Zugang zu seinen Gefühlen, es ist fähig, sie spontan und unverstellt zu äußern. Ein Kind macht uns die Kostbarkeit und den Reichtum unseres Menschseins offenbar.

Geschöpf Gottes

Jedes Kind ist ein Geschöpf Gottes. Unter den Augen Gottes soll es werden, wie Gott es gedacht hat: Von Gott gegeben lebt in jedem Kind ein Werdeprinzip, das es zu seinem individuellen Lebenssinn führen will: durch alles hindurch, was es von seinen Eltern und Ahnen mitbekommen haben mag, und was Erziehung und Umwelt an es heranbringen. Gott wird auf allen Wegen mit ihm sein. Die Botschaft »Ich bin da: Ich werde da sein« (Ex 3,14) ist das Geburtstagsgeschenk Gottes für jedes Kind. Er will, daß Vater und Mutter diese Botschaft in ihrem Dasein und in ihrer Sorge für das Kind wiederholen, so oft und so lange es diese nötig hat. Ein Leben lang lebt diese Botschaft weiter im Herzen des längst erwachsenen Kindes, das an den Vater im Himmel glaubt, auf ihn hofft als Gotteskind. Als Gottes Kind, das sein Kindsein in sein Erwachsensein zu integrieren bereit war – und ist.

Das Kind ist in den Augen Gottes kostbar

Ein Kind ist verführbar. Ein Kind kann mißbraucht werden. Ein Kind kann unterdrückt und zum Schweigen gebracht werden. Der Wille eines Kindes kann gebeugt und gebrochen werden. Kinder werden ausgebeutet, überfordert, überlastet. In unseren modernen Gesellschaften – und anderswo in der Welt – leiden Kinder viel. Da sie die schwächsten Glieder sind, wehrlos, abhängig, wird vieles auf ihre Kosten ausgetragen, auf ihren schmalen Rücken abgeladen.

Viele Kinder leiden viel: Ich denke an lebenslänglich ungewollte Kinder, an Scheidungswaisen, an Kriegswaisen, an Straßenkinder, an Kinder von Tschernobyl, an durch Gewalttätigkeit, Drogen, Pornografie verwundete Kinder ... Aber: ein Kind ist in den Augen Gottes kostbar. Darum sagt Jesus: »Wer ein solches Kind um meinetwillen aufnimmt, der nimmt mich auf. – Wer eines von diesen Kleinen, die an mich glauben, zum Bösen verleitet, für den wäre es besser, wenn man ihn mit einem Mühlstein um den Hals im tiefen Meer versenken würde. Wehe der Welt, denn in ihr herrscht Verführung« (Matthäus 18,5-7).

Kinder sind in den Augen Gottes kostbar. »Jesus rief die Kinder zu sich und sagte: Lasset die Kinder zu mir kommen, hindert sie nicht daran. Denn Menschen wie ihnen gehört das Reich Gottes. Amen, ich sage euch: Wer das Reich Gottes nicht annimmt als wäre er ein Kind, wird nicht hineinkommen« (Lukas 18,16-17).

Kindsein vor Gott

Gott gegenüber sein wie ein Kind. Wir brauchen uns nicht vor ihm aufspielen, nicht auf unsere Verdienste pochen, nicht auf unsere Leistung. Wir brauchen uns nicht verstecken, auch unsere Schwächen, unsere Sünden dürfen vor ihm da sein. Sie gehören zu uns. Wie wir sind, liebt er uns. Das eben ist *göttliche* Liebe: Gott liebt bedingungslos, voraussetzungslos. Wir dürfen klein vor ihm sein, uns als von ihm abhängig annehmen und doch ganz zu uns selbst, zu unserer Freiheit kommen. So können wir staunen über seine Güte, können dankbar sein, dürfen vertrauen. Vertrauen, so sehr, daß wir Gott anreden dürfen mit »Abba«, Väterchen (Matthäus 6,9). Jesus selbst lehrte uns diese vertraute Anrede.

Unserem Kindsein vor Gott entspricht das Gottesbild Jesu: der gütige, mütterlich-väterliche, der weiblich-männliche, barmherzige, der alles verzeihende Gott. Und wären unsere Sünden rot wie Scharlach, er macht sie weiß wie Schnee (Jesaja 1,18).

Was in mir steht dem Kind entgegen, das ich vor Gott sein darf?

Was hindert mich daran, mich so ins Vertrauen Gott gegenüber fallen zu lassen, wie Jesus es uns empfiehlt?

Woher leite ich meine Ängste ab, die ich vor Gott habe? (hatte?) Und was hindert(e) mich daran, sie aufzugeben, aufzuarbeiten?

Wer und was formte mein Gottesbild besonders stark?

Gibt es darin Widersprüche zum Gottesbild Jesu? Welche?

Jesus hat das Kindsein vor Gott seinen Jüngern empfohlen, als sie gestritten haben, wer von ihnen der Größte sei. Man kann auch sagen, wer die meiste Autorität habe. Das kann uns zu der Frage führen:

Wie übe ich meine Autorität aus als Fachfrau/Mann, als Mutter, als Vater, als PädagogIn – Wie »behandle« ich Kinder?

Vor Gott klein sein wie ein Kind und selbst Autorität haben, Autorität sein, das empfinden wir manchmal als ein schwieriges Spannungsverhältnis. Jedoch, dürfen wir nicht auch als erwachsene Menschen – nämlich als Liebende – bei einem anderen ab und an wie ein Kind sein?

7

Im Glauben werden damalige Erfahrungen zu heutigen

HOFFNUNGSGESCHICHTEN
DER BIBEL (2)

HERAUSGEHOLT
AUS EINGESCHRÄNKTEM LEBEN

In den Wundern, die Jesus wirkte, ging es ihm nie um eine Demonstration von Macht. Die Menschen sollten Gottes Heil an sich erfahren und so zum Glauben kommen, daß mit ihm die Gottesherrschaft gekommen ist. Seine Wunder waren dafür ein Zeichen. Als Johannes der Täufer aus dem Gefängnis nach ihm schickte und durch seine Boten fragen ließ: »Bist du es, der da kommen soll oder sollen wir auf einen anderen warten«, ließ er ihm sagen: »Blinde sehen wieder und Lahme gehen, Aussätzige werden rein und Taube hören; Tote werden auferweckt und den Armen wird das Evangelium verkündet« (Matthäus 11,5-6; Jesaja 29,18 f.; 35,5 f.; 61,1).

In den hier erzählten Wundergeschichten können wir darauf aufmerksam werden, daß Jesus Menschen geheilt hat, die durch ihre Krankheiten daran gehindert waren, voll an der Kommunikation mit anderen teilzunehmen. Wer blind, taub, lahm, aussätzig ist, ist auf irgendeine Weise ausgeschlossen, erleidet einen Mangel an Dabeisein, an Zugehörigkeit. »Mangel an Kommunikation ist Mangel an Sein« (Gabriel Marcel). Denn in und durch Kommunikation teilen wir unser Leben, geben und nehmen Anteil aneinander. Wo keine Kommunikation ist, ist eingeschränktes, enges, armes Leben. Einsamkeit und Isolation wären die Folgen. Jesus hat Menschen geheilt, die zum Teil ein solches Leben führen. Menschen, die am Rand der Gesellschaft lebten, weil sie behindert waren, krank, zu wenig oder keine Achtung fanden. Gerade diesen Menschen schenkte er seine besondere Aufmerksamkeit, seine Zuwendung, seine Zärtlichkeit, sein Evangelium. Indem er sie heilte, holte er sie zurück in die Mitte der menschlichen Gesellschaft. Er machte jene für alle hörbar, sichtbar, die bisher ihrer Leiden, ihrer Armut wegen verachtet und am Rande lebten. Dadurch machte Jesus deutlich, daß alle Menschen ohne Ausnahme, ohne Ansehen der Person, erwählt und berufen sind für das Reich Gottes. Darin liegt die große Hoffnung für jeden Menschen.

Alle sind berufen, im Glauben an Jesus die Nähe Gottes, sein Heil und darin ein neues Leben zu erfahren. Jesus kam den Menschen in einer so offenen und liebenden Weise nahe, daß sie sich ihm öffnen konnten und er Hoffnung und Glaube in ihnen wecken konnte. Vielen, die er heilte, konnte er sagen: »Dein Glaube hat dir geholfen« (Matthäus 9,22). Denn so sehr die Wunder Taten Gottes sind, sind sie doch auch die *Glaubens*tat des Menschen. Hoffend kommen wir zu Gott, um glaubend wahrzunehmen und anzuerkennen, daß er an uns und mit uns handelt. Das verlangt das Übersteigen unserer sichtbaren Wirklichkeit und das Anerkennen Gottes, der uns in Jesus sichtbar, hörbar, berührbar wurde.

Wundergeschichten sind Hoffnungsgeschichten, weil sie uns u.a. entdecken lassen, wo wir selbst unter einem eingeschränkten Leben, unter Ängsten, Druck, Feindschaft, Unversöhnlichkeit, Abhängigkeit oder anderen lebenshemmenden »Krankheiten« leiden. Die Geschichten, die keine historischen Berichte sind, aber einen historischen Kern und »das Typische, das für uns wichtig ist«, enthalten, lassen uns erkennen, auf welche Weise wir blind, taub, stumm, lahm, aussätzip tot sind. In den Geschichten können wir konfrontiert werden mit unserem eigenen Glauben und Unglauben, mit unserer Hoffnungslosigkeit und Resignation, mit unserem Mangel an Kommunikation und unserem, von daher rührenden »Mangel an Sein«! Mangel an Kommunikation mit uns selbst, mit unserer eigenen Tiefenperson, Mangel an Kommunikation mit anderen, Mangel an Kommunikation mit Gott. Aus diesem Mangel kommt die Verarmung unserer Hoffnungsfähigkeit und der Mangel an Glauben.

Die Grundstruktur der Kommunikation ist gleichzeitig die Grundstruktur des Glaubens. Beide Male geht es darum, daß wir uns öffnen, nicht in uns selbst verschlossen bleiben. Beide Male geht es um Teilnahme, um Gemeinschaft, um Gottes-Volk-Sein, um Zugehörigkeit und Gottes-Kind-schaft, um Schwester- und Bruder- Sein untereinander. »Es ist nicht gut, daß der Mensch allein sei« (Genesis 2,18). Lebens-»Fülle« finden wir nur, wo wir miteinander, und einander kommunizieren. Auch dazu will Jesus uns befreien. Denn nur so können wir Volk Gottes, können wir Kirche Jesu Christi sein, eine Kirche, die alle umfaßt, die an ihn glauben.

Ein Schrei der Hoffnung

An der Straße saß ein blinder Mann. Als er hörte, daß Jesus vorbeiging, schrie er so laut er konnte: »Jesus, Sohn Davids, erbarme dich meiner!« Es gab aber einige, die ihm das Schreien verbieten wollten. Da schrie er seine Hoffnung noch viel lauter hinaus. Jesus hörte ihn und sagte: »Holt ihn her!« Einige aus der Menge ermutigten den Blinden: »Hab keine Angst. Steh auf, er ruft dich!« Da warf er seinen Mantel ab, sprang auf und ging zu Jesus. Und Jesus sprach ihn an: »Was soll ich für dich tun?« Der Blinde antwortete: »Ich möchte wieder sehen!« »Dein Glaube hat dich geheilt«, sagte Jesus zu ihm. Im gleichen Augenblick konnte Bartimäus sehen. Und er folgte Jesus auf seinem Weg (vgl. Markus 10,46-52; Matthäus 20,29-34; Lukas 18,35-43).

Wunderbare Einfühlung

Jesus begegnet dem Blinden mit wunderbarer Einfühlung. Er überrennt ihn nicht mit Feststellungen, was ihm fehlt oder was er braucht. Er fragt, was er für ihn tun könne. Dann läßt er ihn sagen, was sein Anliegen, seine Not ist. Jesus wußte, wie wichtig es für uns Menschen ist, durch Sprechen aus sich herauszukommen. Das Aussprechen unserer Not ist bereits der Beginn der Heilung. Bei Bartimäus begann die Heilung mit seinem Schrei: »Erbarme dich meiner«, bei seiner Zähigkeit, sich nicht zum Schweigen bringen zu lassen; bei seiner Anstrengung, gegen den Druck der Menge sich zur Geltung zu bringen; bei seinem Mut, zu seiner Heilsbedürftigkeit zu stehen; bei seiner Entschiedenheit, seine Hoffnung auf Heilwerden nicht aufzugeben. Er sagte, was er ersehnte: Wieder sehen! Und damit herauskommen aus der Dunkelheit, aus Isolation, aus der Enge und Eingeschränktheit seines Lebens. Er wollte weg von der Straße, er hatte genug von der Bettelei und der damit verbundenen Verachtung. Er wollte wieder sehen und mit *allen* Sinnen teilnehmen am Leben, an der Kommunikation mit den anderen.

Er warf seinen Mantel ab und damit seine Sicherheit, den Schutz und die Wärme, die der Mantel ihm gab. Der Mantel war sein »Zuhause« am Rand der Stadt. Jetzt warf er ihn ab. Er verließ sein altes Leben. Er *sprang* auf und *ging* zu Jesus. Dieser deutete die Hoffnungsschritte des Bartimäus: *Schreien, Mantel abwerfen, aufstehen, gehen* als Glaube: »Dein Glaube hat dich geheilt« (vgl. Grundkurs, a.a.O.).

Was muß das für ein *Augen*-Blick gewesen sein: sehend werden! Und im selben *Augen*blick in die *Augen* Jesu schauen. Sich von seinen Augen berührt fühlen. Seinen Blick mit den eigenen Augen aufnehmen und erleben: Ich bin geheilt. Unter den Augen Jesu seine Hoffnung erfüllt sehen!

Sehend werden

Diese Geschichte kann uns anregen, für die Heilsbedürftigkeit unserer eigenen »blinden Augen« sehend zu werden.

Seit einiger Zeit habe ich Kontakt mit blinden Jugendlichen im Alter von vierzehn bis dreiundzwanzig Jahren. Bei einem Gespräch in diesem Sommer kamen wir auch auf die Wundergeschichten der Bibel zu sprechen. Ich zögerte lange, bevor ich den Mut hatte, auf die Blindenheilungen aufmerksam zu machen. Dennoch fragte ich, wie diese auf sie wirken, da sie doch blind wären und von Jesus nicht geheilt werden. Ein Fünfzehnjähriger sagte spontan und überzeugt, es gäbe doch noch ganz andere Blindheiten als die ihre. Es sei zwar manchmal sehr schwer, zu ihrer Blindheit ja zu sagen. Aber Leute, die sehen, meinte er weiter, sehen doch oft nur nach außen. Sie hörten und fühlten nicht oder viel zu wenig mit ihrem Herzen. Sie hingegen würden und müßten nach Innen schauen, um sich im Leben orientieren zu können. Sie hätten damit wohl auf ihre Weise ein intensiveres Sehen.

In unserem »Blindsein« blenden wir jeweils ein Stück Wirklichkeit aus. Unsere Wahrnehmung ist eingeschränkt durch eine enge, ängstliche oder falsche Sicht. Wir erliegen einem Irrtum, einer halben Wahrheit, sehen nicht, was ist, wie es ist. Wir können die Brille der Gewohnheit tragen und blind sein für die uns begleitende Güte eines Menschen; wir können durch unser Anspruchsdenken blind geworden sein für die Wunder Gottes in unserem Leben, und uns so aus der Beziehung zu ihm hinausverlieren. Man kann eine rosa Brille tragen oder eine schwarze, auf einem oder gar auf beiden Augen blind sein. Wir können blind sein vor Wut oder Haß. Wir können Augen nur für uns selbst haben und blind sein für die Not der anderen, für die Not in der Familie, in der Welt, in der Gesellschaft, in der Kirche. Wer »nichts« sieht, wird eng. Ihm mangelt es bald an Teilhabe, an Freude, an Zugehörigkeit. Allerdings hat man so auch keinen Leidensdruck, braucht sich nicht engagieren, keine Hilfe leisten, nicht teilen. Man lebt sein Leben. Lebt man so sein Leben?

Blindheit überwinden schließt mit ein, sehend zu werden für wichtige Lebensvorgänge in uns selbst, die wir als behindernd empfinden. Wenn wir plötzlich, sozusagen ohne jede Vorwarnung, aggressiv reagieren, fragen wir uns nachher, warum wir uns so verhalten haben, obwohl wir dies gar nicht wollten. Da gilt es, seine Augen auf sich zu richten, sehend zu werden für die Ursachen solcher Reaktion:

Vielleicht haben wir die an sich positive Kraft der Aggression, unsere Antriebsenergie, zu wenig kultiviert? Zu wenig auf unsere starken Gefühlsströme geachtet? Uns von ihnen bisher mehr oder weniger treiben lassen?

Oder gehören wir zu den Menschen, die viel zu lange und zuviel geschwiegen, geschluckt, sich geduckt haben? Einmal ist es genug. Das Faß ist voll. Oder gehören wir zu jenen, die sich nichts oder zu wenig gegönnt haben und ihren Mangel nun anderen vorwerfen?

Oder haben wir Enttäuschungen und schmerzliche Ereignisse noch nicht oder nicht genug betrauert, den Schmerz nicht zugelassen, ihn verdrängt?

Leben oder lebten wir in Beziehungen, in denen wir meist mehr gegeben als bekommen haben?

Man kann sich auch über seine Kraft hinaus verausgaben. Dann kann es Situationen geben, in denen uns die blinde Wut überrascht: wenn immer noch einmal etwas von uns gefordert wird; wenn uns etwas nicht schnell genug gelingt; wenn wir nicht Recht bekommen; wenn es anders läuft, als wir es uns dachten …

Wenn wir uns unseren Aggressionen stellen und in uns hineinhorchen, woher sie kommen, können wir sehender werden für einen Teil unserer persönlichen Struktur, die uns bisher unbewußt war. Vielleicht werden wir entdecken, daß wir ungeduldige Menschen sind, gar intolerant; daß Neid und Mißgunst auch in uns hausen. Vielleicht haben wir die Neigung, andere zu beherrschen; oder wir haben möglicherweise wenig moderate Verhaltensweisen ausgebildet.

Unsere Augen

Zu unserer Blindheit gibt uns Jesus ein sehr eindrucksvolles Bild. Er sagt: »Den Splitter im Auge deines Bruders, deiner Schwester, siehst du; den Balken in deinem Auge aber siehst du nicht« (Matthäus 7,3). Diese Blindheit nennt die Psychologie Projektion. Wir verlagern unsere eigenen dunklen Seiten auf einen anderen und bekämpfen an ihm, was wir an uns nicht sehen wollen. Wir machen andere zu Sündenböcken für etwas, was uns selber betrifft.

»Private« Blindheit hatte und hat auch in unserer Zeit großflächige Auswirkungen. Aus der Blindheit für den Balken im eigenen Auge nämlich entstehen Fremdenhaß, Rassendiskriminierung, Sexismus; eine Blindheit, die sich in unserer Gesellschaft, auch in unserer Kirche unheilvoll ausgewirkt hat und immer noch auswirkt. Daher kommt es einer Bekehrung gleich, wenn wir sehend werden für die verdrängten Schattenanteile in uns. Die darin gebundene und gefesselte Energie ist nämlich nicht frei für die Aufmerksamkeit, für die Liebe. Sehend werden ist eine Befreiungserfahrung. Sie wird uns nicht nur geschenkt. Wir müssen etwas dafür tun, so wie Bartimäus.

Über unsere Augen sagt Jesus ein Wort, das uns anregen kann, über unser Gesprächsverhalten nachzudenken: »Ist dein Auge hell, ist dein ganzer Leib hell. Ist dein Auge finster, ist es der ganze Leib« (Matthäus 6,22). Hat dieser Satz nicht etwas mit unserer Ausstrahlung zu tun, die wir mitbringen in die Kommunikation?

Die Atmosphäre, die von uns ausgeht und die wir beeinflussen, läßt vielleicht manche/n sagen: Ich möchte ihr/ihm nicht unter die Augen kommen. Oder wir sagen: Komm mir ja nicht unter die Augen ... Wir blockieren uns selbst und die anderen durch unsere finstere Stimmung, verhindern Offenheit, lassen Freiwerden nicht zu.

Was willst du, daß ich dir tun soll?

Bevor Jesus diese Frage stellte, tat Bartimäus alles, was in seinen Kräften stand. Jesus hat ihm dies als Glauben ausgelegt. Nachdem er sehend wurde, war er fähig, ihm nachzufolgen. Er war aus seiner Blindheit aufgebrochen, war befreit und heil. Er kam zu einer neuen, großen Lebenshoffnung.

In der Kommunikation kann ich durch andere meine blinden Flecken kennenlernen, aber auch andere können dies durch mich. Wenn ich wünsche und hoffe, können mich vielleicht folgende Fragen anregen, mich selbst besser in den Blick zu bekommen.

Wie reagiere ich, wenn ich auf meine blinden Flecken aufmerksam gemacht werde?

Bin ich selbst behutsam genug, wenn ich andere für ihre blinden Flecken sehend machen will?

Was habe ich aus meinem Schmerz gelernt, als andere mir für meine Blindheiten die Augen öffneten?

Etwa das Gespür für den richtigen Augenblick, wann ich anderen etwas sagen kann? Und Geduld, auf diesen Augenblick warten zu können?

Wodurch hat Gott mir die Augen geöffnet für etwas Wichtiges in meinem Leben?

Wie erlebte ich dieses Sehendwerden?

Welche Konsequenzen brachte dieses Sehendwerden für mich mit?

Jesus hat Bartimäus die Augen geöffnet. Mit dem körperlichen Sehendwerden schenkte er ihm auch das Licht des Glaubens:

In welchen Situationen, durch welche Ereignisse, durch welche Menschen schenkte mir Gott das Licht des Glaubens?

Als Zeichen für den Anbruch der Gottesherrschaft prophezeite Jesaja, daß Blinde sehend werden (61,1 f.). Ist es nicht ein Wunder, daß ich Augen habe, mit denen ich sehen kann: die Sonne, den Wald, die Blumen, das Gras, die Sterne, den Mond, die Menschen, mich selbst? Es gibt Menschen, die blind sind. Sie sehen auf andere Weise andere Schönheiten, ihre anderen Sinne sind wahrnehmender als bei den Sehenden. Sie sehen mit »anderen Augen«.

Wir alle aber, ob krank oder gesund, sehend oder blind, sollten um das Licht des Glaubens beten. In ihm werden wir in das Lebensgeheimnis Jesu einbezogen. Darin wird uns eine große Lebenshoffnung eröffnet wie dem Bartimäus: durch Jesus hatte er wieder einen Weg vor Augen, der ihn gehen hieß.

Hoffen, aus Verschlossenheit ausbrechen zu können

Die Leute brachten einen Taubstummen zu Jesus und baten ihn, er möge ihm die Hand auflegen. Jesus tat mehr. Er führte den Mann abseits, von der Menge weg, legte ihm die Finger in die Ohren und berührte seine Zunge mit Speichel; er blickte zum Himmel auf, seufzte und sprach zu ihm: Effata, öffne dich! Da öffneten sich seine Ohren und sogleich löste sich die Fessel seiner Zunge. Als die Leute ihn reden hörten, sagten sie: Er hat alles gut gemacht; Tauben gibt er das Gehör und den Stummen die Sprache (Markus 7,31-37).

Öfter wird in den Evangelien erzählt, daß die Menschen sich füreinander bei Jesus einsetzten, für andere auf Heilung hofften. So auch hier. Es werden Menschen gewesen sein, die mit Jesus bereits Erfahrungen gemacht, seine heilende Kraft erkannt haben. Warum nimmt Jesus den Taubstummen beiseite, weg von der Menge? Warum seufzt er? Warum *befiehlt* er: Effata, öffne dich? Mußte er sich diesem Geist der Taubheit mit besonderer Konzentration und Anstrengung entgegensetzen? Wollte er mit dem Taubstummen im ersten Augenblick der Heilung allein sein?

Jesus seufzte.

Ist diese Bemerkung ein Hinweis des Evangelisten auf uns? Wir wissen, wie hartgesotten und starr wir unser Gehör verschließen können, kein Wort in uns hinein- und herauslassen. Verstockte Ohren sind taube Ohren. Sie führen schließlich auch zur Stummheit. Jesus kennt unsere Herzenshärte, unsere Sturheit, die unser Gehör und unsere Zunge binden und fesseln. Da bedarf es schon eines Befehls, der durchdringt bis in die Mitte des Herzens: Effata! Tu dich auf!

Diese Geschichte ist für uns erzählt. Denn es könnte sein, daß wir zu denen gehören, die »hören und doch nicht hören« (vgl. Markus 8,18) und so unser Heil verscherzen. Das richtige Hören verlangt ein Gespür des Herzens, des Gewissens. Es verlangt die Entscheidung, diesem zu folgen.

Taubsein

Auf welches Taubsein müßte Jesus seine Finger bei mir legen?

Was will ich nicht hören?

Wen will ich nicht hören?

Was und wen aber höre ich gern?

Ich kann mit meinen Ansichten, meinen Grundsätzen und Standpunkten, meiner selbstgezimmerten Wahrheit so »fertig« sein, daß mir vermeintlich niemand mehr etwas zu sagen hat. Ich höre – und höre nichts. Auch kann ich sagen, daß ich einen Mitmenschen *an*höre. Aber ich habe mir meine Meinung zu der anstehenden Sache bereits ohne den anderen gebildet, so daß ich nur zu sagen brauche, was ich schon weiß. So brauche ich nicht mehr zuhören, was der andere zu sagen hat. Sich eine Meinung bilden, sich mit einer Sache auseinandersetzen, sich auf ein Gespräch vorbereiten und sich darauf einzustellen, ist zunächst eine gute und notwendige Voraussetzung. Und wenn ich dann wirklich doch zuhöre, wäre trotz sich vielleicht entgegenstehenden Auffassungen ein Gespräch möglich. Ich werde meine Argumente so vorbringen, daß ich die des anderen damit nicht einfach vom Tisch wische.

Mein Zuhören läßt dem anderen sein Eigenes, so wie ich auch das Meinige nicht aufzugeben brauche. Und doch kann in einem wahren Dialog der eine sich am anderen verändern: Beide entdecken zu dem Schon-Gewußten durch den anderen Neues und können es gegenseitig annehmen. Man sieht dabei eine Sache nun von mehreren Seiten, ist für weiteres Nachdenken, für eine Fortsetzung des Dialogs offen. »Effata«! – Es hätte sich auch hier ereignet.

Eine andere Weise von Taubheit: Ich kann von meinen Sorgen, Kümmernissen, meinen Vorhaben und Plänen, von meiner Begeisterung für irgend etwas so besetzt sein, daß ich, während der andere redet, völlig abwesend bin. So kann der andere von mir gar nicht aufgenommen werden in mein Denken, erst recht nicht in mein Mit-Fühlen. Man hört aber »nur mit dem Herzen gut«. – Und: Wie kann jemand sagen, er/sie verstehe Gottes Wort, wenn er/sie sich nicht bemüht, den Menschen neben sich zu verstehen (vgl. 1 Johannes 4.20)? Redet Gott nicht gerade auch durch den

Mitmenschen zu uns? Sind wir fähig, seine »Stimme in den Stimmen« (Ludwig Wenzler) zu vernehmen? Es ist nicht immer angenehm, angeredet zu sein …

Stummsein

Eine der schlimmsten Strafen für ein Kind ist es, wenn die Mutter oder der Vater nicht mehr mit ihm redet. Auch als Erwachsene empfinden wir darin eine besondere Form der Verachtung, wenn uns jemand sein Wort nicht gönnt, sich stumm stellt. Es mag viele Gründe geben, warum Menschen vor- und füreinander verstummen. Was sie soweit auseinanderbringt, daß keine Kommunikation mehr möglich ist. Verlust an Kommunikation aber ist Verlust an Leben, an Beziehung, an Gemeinsamkeit. Stummsein füreinander ist eine schmerzliche Form von Armut, von Kargheit, von Kälte, in der vor allem Kinder auf der Strecke bleiben. Diese Armut ist auch dort zu spüren, wo man Worte sagt, die man zwar hören kann, die aber keine Botschaft enthalten; Worte, die leer sind, funktional, die irgendeine Sache, den Menschen aber, mit dem man spricht, nicht mitmeinen; Worte, in denen man nur sich selbst nützen, nur sich selbst zur Geltung und zum Zuge bringen will; Worte, die über andere hinweggehen.

Wirkung der Worte

Wir erleben die Wunder, die wir durch Worte bewirken können. Mit Worten der Anerkennung, des Lobes, haben wir einen durch Mißerfolg momentan Gebeugten zu seinem gesunden Selbstvertrauen wieder aufgerichtet. Wir bedankten uns bei jemanden, der selten Dank erfährt und begegnen dem Aufstrahlen seiner Augen. Wir sprechen einem Kranken

Mut und Hoffnung zu und stärken dadurch die Selbstheilungskräfte seines Körpers. Wir schreiben einen guten Brief und erlösen damit jemanden aus seiner inneren Einsamkeit. Wir rufen jemanden an und erfahren Dankbarkeit für das Nicht-vergessen-Sein. Wir bitten um Vergebung und schaffen dadurch neuen Begegnungsraum füreinander. Wir bieten Versöhnung an und Vergebung und gewinnen eine tiefere Beziehung, Offenheit und Ehrlichkeit voreinander. Wunder der Worte. Durch sie wächst unsere Hoffnungsfähigkeit.

Worte können aber auch trostlos machen, niederdrücken, uns den Mut nehmen und das Selbstvertrauen untergraben. Mit Worten können wir einander »moralisch« fertig machen, uns unseren guten Ruf nehmen, uns im Berufs- und Geschäftsleben schädigen. Wir kennen »böse« Worte, die man so leicht nicht vergessen kann, die lange schmerzen, Wunden schlagen, verletzen und Narben hinterlassen.

Wir kennen die Machtworte, mit denen wir uns nachdrücklich Geltung verschaffen; mit ihnen setzen wir den anderen falsche Grenzen, weiten die eigenen auf Kosten anderer aus; oder wir verteidigen unser Territorium, unseren Kompetenzbereich mit Nachdruck und mit Recht. Wirken die bloßen Machtworte nicht, nehmen wir die Gewalt unserer Stimme zu Hilfe, werden laut und herrisch. Vielleicht kann ein anderer sich zur Wehr setzen, vielleicht aber auch nicht. Er hat womöglich weder den Mut noch die Kraft dafür – und verstummt. Man kann Stummheit hervorrufen, Stummheit bewirken. So schwächen oder nehmen wir einander die Hoffnung auf ein befriedigendes Miteinander.

Zur Wirkung unserer Worte sagt uns der Jakobusbrief ein bedenkenswertes Wort: Die Zunge ist zwar das kleinste Glied am Leibe, und kann doch einen gewaltigen Brand, ein Feuer hervorrufen (vgl. Jakobus 3,5).

Öffne mir den stummen Mund

Sprechen – Sprache finden für uns und unsere Nöte, für unsere Erkenntnisse, Einsichten, Erlebnisse und Erfahrungen. Sagen können, was ist und wie es ist, das ist ein kreativer und »heilender« Vorgang. Wenn solch therapeutisches Reden, solche »Heilungen« auch nie »vollständig« und »für immer« sein können, so schenken sie uns doch die Hoffnung auf ein volleres, reicheres Leben, als wie wir es vordem hatten. Nach solchen Erfahrungen können wir selbst hörender werden für andere. Wir können eher den »Teufelskreis« des nur um Sich-selbst-Drehens durchbrechen, freier werden und offener für das Leben um uns her. »Effata«: – Wir können Sprechen lernen über uns selbst. Wir können von der Fessel der Stummheit, des inneren Drucks, der Sprachlosigkeit befreit werden.

Der Taubstumme wurde durch andere Menschen zu Jesus gebracht. Ist das ein Hinweis darauf, daß wir solche Fesseln nicht allein, sondern nur mit Hilfe von Menschen durchbrechen können, die so einladend zuhören können, daß der innere Stau sich in uns lösen kann?

»Effata«! In unserer Zeit des Aneinander-vorbei-Lebens, aus dem manche seelische Krankheiten herrühren, wäre es eine wichtige, zeitgemäße Hoffnungsarbeit, ein solch lösender, er-lösender Mensch zu werden. Denn in unserer allernächsten Umgebung warten manche auf eine »Heilung« durch Sich-aussprechen-Können.

Vielleicht können folgende Gedanken dazu anregen, darüber nachzudenken, wie es uns mit unserem möglichen und gelegentlichen Taub- und Stummsein ergeht:

Wofür habe ich keine Worte mehr?

Was kann ich niemandem sagen? Was in mir ist verstummt?

Wofür – für wen – habe ich meine Sprache verloren? –

Wem sage ich schon lange kein gutes Wort mehr? Keine Anerkennung? Kein Lob?

Für wen habe ich keine Wärme, keine Zärtlichkeit (mehr) in meiner Stimme?

Was in mir ist Gott gegenüber verstummt? Kann ich ihn noch preisen, ihn loben, ihm danken – trotz der Gottesenttäuschungen, trotz Leiderfahrung im Lauf meines Lebens? Trotz der Schrecken in dieser Welt?

Mit wem kann ich über Gottes Dasein in meinem Leben sprechen? Spüren, hören meine Kinder, meine Hausgenossen etwas davon?

Gelähmte Hoffnung

Begegnung am Teich

Da lag einer am Teich. Achtunddreißig Jahre schon ist er gelähmt. Immer noch wartet er darauf, daß ihn einer ins heilende Wasser trägt, wenn es in Bewegung gerät. Eines Tages kommt Jesus vorbei, sieht ihn und sagt: »Willst du gesund werden?« Der Lahme erzählt ihm, daß er keinen Menschen habe, der ihn zum Wasser bringt, wenn es sich bewegt. »Steh auf«, sagte Jesus, »nimm deine Matte und geh!« Und der Mann steht auf und geht (vgl. Johannes 5,1-9).

Muß uns nicht jene Frage verblüffen, die Jesus einem Menschen stellt, der schon so lange gelähmt ist? Hat er nicht daran gedacht, daß einer selbstverständlich gesund werden will, der so viele Jahre schon darauf hofft? Die Frage ist erlaubt: *Wollte* der Mann gesund werden? Wollte er seine Situation verändern? Hatte er sich vielleicht schon so in die Gewohnheit, an diesem Teich zu liegen und Zuwendung, Mitleid zu bekommen, sich versorgen, bedauern zu lassen eingelebt, daß er sich gar nichts anderes mehr für sich denken und wünschen konnte? Die Art, wie Jesus ihn fragt, wie er ihm anschließend befiehlt, »steh auf, nimm deine Matte und geh«, läßt zumindest die Annahme zu, daß einer nicht gesund werden will. Man stelle sich die Konsequenz der Heilung vor, diese Zumutung: Nach achtunddreißig Jahren, von jetzt an gleich aufstehen! Und nicht genug. Er mußte sofort arbeiten: seine Matte zusammenrollen, sie selber tragen, gehen, nach Hause zurückkehren und – sich den Anforderungen des Lebens, dem Alltag stellen.

Willst du gesund werden?

Wer lahm ist, kann nicht mitgehen und dabei sein, wenn andere unterwegs sind und ein Ziel angehen. Der Lahme ist ausgeschlossen und bleibt allein. Er gerät mehr und mehr an den Rand der Gesellschaft, bleibt »draußen« und wird einsam. Das volle Leben geht an ihm vorbei.

Könnte die Frage, willst du gesund werden, mir gelten?

An welchem Teich liege ich, hoffend, daß andere tun, was ich selbst längst getan haben müßte?

Wovon lasse ich mich lähmen? Von alten Gewohnheiten? Von Resignation? Von einer Lebenseinstellung, die mich auf das Negative festlegt? Von Unversöhnlichkeit? Von alten Verletzungen, die ich nicht vergessen und nicht vergeben kann, will?

Lähmt, fesselt mich die Jagd nach Geld, Erfolg, Macht, Einfluß, Besitz?

Oder lasse ich mich lähmen von falschen Tugenden wie übertriebene Sparsamkeit oder Arbeitswut?

Lähmt mich ein Mensch?

Lähme ich einen anderen und ich merke es nicht?

Lähmen mich Zukunftsängste, die Angst vor dem Sterben, die Angst vor dem Tod? Lähmen mich Kirchenängste? Sündenängste? Angst vor Gott?

Willst du gesund werden? Die Frage gilt mir. Hier und heute. Ich muß es *wollen*, daß ich wieder gehen kann, ich muß meinen Teich verlassen und mich dem Leben stellen. Es könnte sein, ich muß mein Leben von Grund auf ändern, wie der Mann am Teich: daß ich teilnehmender, engagierter lebe; daß ich freier werde; weniger ängstlich bin; die Freude der Gotteskindschaft in mich einlasse …

Manchmal legen wir uns unser Leben, wie es momentan – oder wie es »immer« schon war, als Schicksal aus. Wir ergeben uns in dieses »Schicksal« und machen nicht den geringsten Versuch, es zu ändern. Wir hoffen nicht darauf, daß schon die geringste Bemühung das Wasser unseres Lebens in Bewegung setzen könnte. Denn die kleinste Bewegung auf eine Veränderung unseres Zustandes hin, ist bereits Heilung: Sie ist das Gegenteil von Lähmung.

Wer in die Bewegung des Glaubens kommt, gerät in die Gemeinschaft mit anderen Glaubenden. Wir sind nicht allein. Wir erfahren die Kraft dieser Bewegung, werden davon angesteckt, lebendig, getragen, getröstet, wenn wir uns dafür öffnen. Wir können dadurch hoffen, aufstehen zu können zu unserem Leben. Wir werden fähig werden, andere zu trösten und mitzutragen. Wir vermehren Hoffnung in unserem Lebenskreis. Zuerst jedoch in uns selbst.

Ich habe keinen Menschen

Es kann sein, daß ich manchmal keinen Menschen habe, zu dem ich gehen, den ich fragen, der mir helfen könnte. Dieser Zustand ist lähmend. Er macht inaktiv und birgt in sich die Gefahr, die Flinte ins Korn zu werfen und zu resignieren. Vielleicht aber weiß ich um andere, die ähnlich wie ich keinen Menschen haben und auch wie gelähmt sind: kranke, alte, einsame Menschen, Waisen, verlassene

Kinder. Viele Menschen liegen am Teich der Einsamkeit und erfahren, daß niemand für sie Zeit hat, für sie da ist, daß keiner sie sieht, keiner spürt oder fragt, was ihnen gut täte, was sie brauchen könnten. Wer keinen Menschen hat, aber zu jenen geht, die selbst auch auf jemand warten, findet Menschen, die ihm dankbar sind und ihn/sie wie vom Himmel geschickt anschauen. Wer Einsame und Kranke besucht, bringt sie in Kommunikation und damit in die Wasser des Lebens. In diesem Wasser können manche alte Wunden heilen, manch alte Lähmung schwinden, manche Bitterkeit kann sich auflösen. Wo immer wir anderen in diesem Sinne Heilung bringen, verkünden wir die Nähe der Gottesherrschaft. Wir bringen Hoffnung, auch wenn wir kein Wort darüber sagen. Wir selbst sind Inhalt der Hoffnung für andere geworden.

Wer andere am Teich ihrer Krankheiten, in ihren inneren und äußeren Nöten nicht allein läßt, wird selbst auch Hoffnung und Gemeinschaft finden. Und das Wort ›ich habe keinen Menschen‹ gilt für ihn nicht mehr. Ein anderes Wort kann ihm Hoffnung geben für eine Lebenszukunft über dieses Leben hinaus: »Ich war krank, du hast mich besucht; ich war fremd, du hast mich aufgenommen; ich war traurig, du hast mich getröstet; ich war einsam, du bist zu mir gekommen (vgl. Matthäus 25,42 ff.). In all diesen Menschen bist du auch mir begegnet, hattest Gemeinschaft auch mit mir; so das Wort Jesu.

Er machte sich hoffend auf den Weg

Als Jesus in einer der Städte war, kam ein Mann, der am ganzen Körper Aussatz hatte. Sobald er Jesus sah, warf er sich vor ihm zu Boden und bat ihn: Herr, wenn du willst, kannst du mich rein machen. Da streckte Jesus die Hand aus, berührte ihn und sagte: Ich will es: Werde rein! Sofort wich der Aussatz von ihm (Lukas 5,12-13; Matthäus 8,1-4; Markus 1,40-45).

Wie tut das, von allen gemieden zu werden?

Der Mann mußte von Jesus gehört haben. Er wußte, wenn Jesus will, werde ich heil. Er hoffte, er würde es wollen. Diese Hoffnung ließ ihn den Weg zu Jesus unternehmen. Seine Hoffnung war so groß, sein Glaube so stark, daß er alles von Jesus erwartete: Wenn du willst, Herr ... Jesus streckte die Hand aus. Und nicht nur das. Er berührte ihn. Ohne Angst! – Weder vor der Krankheit noch vor dem Gesetz, das jeglichen Umgang mit Aussätzigen verbot, fürchtete er sich.

Seine Begegnung mit dem Aussätzigen war ganz spontan: Er berührte ihn. Wie mag wohl diese Berührung einem Menschen getan haben, der gemieden wurde von allen. Der lange Zeit keine Umarmung, keine Zärtlichkeit, keine intime Begegnung mehr gespürt hatte. Wie ist das, berührt werden? Einer, der in seiner Haut wie in einem Gefängnis lebte, dessen ansteckende Wunden ihn wie Gitterstäbe von allen anderen Menschen trennten. Wie mußte diese Hand, die sich auf ihn legte, seinem Körper gut getan haben? Wie müssen Jesu Worte: »Ich will es, werde rein!«, seine Seele erschüttert haben! Heil sein, so wie die andern; zu ihnen gehören, mit ihnen leben, unter ihnen sein; nicht mehr

aus-gesetzt, nicht mehr ausgeschlossen sein aus der Gemeinschaft, nicht mehr gemieden, gefürchtet, verachtet, nicht
mehr Außenseiter sein müssen. Mit seinem befreienden
Wort, mit seiner heilenden Berührung holt ihn Jesus heraus
aus seiner Isolation, hinein in die Mitte der Menschen. Ich
will, werde rein. Nimm teil am Leben! Jetzt kannst du wieder
mit allen in Kommunikation sein. Du bist rein. Sei dir deiner
Würde bewußt.

Außenseiter sein

Nichts ist aktueller in unserer Zeit der Flüchtlingsbewegungen,
der Armutswanderungen, nichts hautnaher als das Thema
»Randgruppen«. Nichts ist schmerzlicher als Heimat und
Zugehörigkeit zu Verwandtschaft, Sippe und Volk eintau-
schen zu müssen gegen den Status des Fremden; vielleicht
auf lange Zeit in einer anderen Sprachwelt, in einer fremden
Kultur leben zu müssen; nicht eingegliedert zu sein in ein
Leben mit Arbeit und selbstverdientem Brot; angewiesen
sein auf Almosen. Wie schlimm ist die Abhängigkeit von
anderen; wie schnell wird daraus der/die Unerwünschte,
Gemiedene, Abgeschobene, den/die andere meiden. Aber
auch in der heimischen Gesellschaft kann man Außenseiter
sein: als Behinderter, Wohnungsloser, Drogenkranker, Al-
koholkranker, als Arbeitsloser, als alter Mensch …
Außenseiter gibt es in den verschiedensten soziologischen
Gruppierungen: in Konventen, Arbeitsgruppen, Leitungs-
teams, in Gemeinden, ja, selbst in Familien. Es gibt viele
Gründe dafür, wie man in diese Rolle geraten kann. Wenn
z.B. temperamentvolle und unsensible Menschen dauernd
das Wort an sich reißen, andere überschreien, unterbrechen,
ihnen das Wort abschneiden. So entwickelt sich in der
Kommunikation eine Machtstruktur, die andere (unbeab-

sichtigt?) benachteiligt, unterdrückt, an den Rand bringt. Wenn niemand auf die Veränderung solcher Verhaltensweisen drängt, können sich am Rande der Gruppe kontaktarme Schweiger entwickeln, die dauernd übersehen werden und in der Gruppe allmählich nichts mehr gelten. In einem jahrelang andauernden Prozeß dieser Art verarmt die Sprache eines Menschen und damit seine Fähigkeit zur Kommunikation.

Noch weitere Gründe gibt es, in die Außenseiterrolle zu kommen. Das kann Menschen passieren, die ihrer Zeit voraus sind, die vorausdenken, voraushandeln. Menschen, die eine Art Prophetenrolle übernehmen, kritisch Stellung beziehen; auf Schwachstellen, Wunden eines Gemeinwesens, einer Gruppe, der Gesellschaft, der Kirche hinweisen. Manchem Propheten ging es so. Elia hatte eines Tages diese Außenseiterrolle satt, die Gott ihm zugemutet hatte. Er legte sich in der Wüste unter einen Ginsterstrauch und wollte sterben. Da kam ein Engel, der ihm Brot und Wasser brachte, der ihn stärkte (vgl. 1 Könige 19,6 ff.). Ein Engel? Das wäre jemand, der sensibel wahrnimmt: Ein anderer lebt mitten unter uns und ist doch »draußen«. Ein Wort, eine Ermutigung, eine Bestätigung, das Zutrauen einer Aufgabe mit angemessener Verantwortung können Schritte sein, jemand zu integrieren, wieder hereinzuholen. Jemanden seine Kontaktarmut, die meist mit einem Mangel an Selbstbewußtsein zusammenhängt, überwinden zu helfen, ist eine heilende Tat. Durch sie können sich lebenshemmende Kräfte allmählich zu lebensfördernden Energien wandeln. Denn nichts muß so bleiben, wie es ist.

Natürlich gibt es auch Verhaltensweisen, durch die jemand sich selbst in die Rolle des Außenseiters bringt. Wenn man träge ist und sich an nichts beteiligen will, zu unlustig ist, sich zu unterhalten. Es gibt Leute, denen paßt einfach nichts, denen gehen alle anderen Leute »auf die Nerven«. Sie fühlen sich von vorneherein allen gegenüber mehr oder weniger unterlegen, kompensieren diesen Minderwertigkeitskomplex mit Hochnäsigkeit. Es gibt Menschen, die nicht gelernt haben, ihre Un-Lüste, ihre Launen anzuschauen und abzuwägen, was sie durch ihr Verhalten verlieren können. Sie werden zu Menschen, mit denen auch andere nicht gerne zusammen sind.

Wer mit sich selbst ehrlich umgehen will, muß sich gerade in der heutigen Situation fragen, wem gegenüber er/sie Berührungsängste hat. Welche Menschen meiden wir und warum? Vielleicht haben wir gute Gründe. Vielleicht aber haben wir unsere Einstellung noch nicht als Vorurteile enttarnt, sie noch nicht aufgearbeitet.

Vielleicht nehmen wir Fremde nur als Fremde wahr und nicht, oder lange nicht – als Menschen?

Aber: Wie würde ich mich in der Außenseiterrolle fühlen in meiner Arbeitsgruppe, in der Gemeinde …?

Wie habe ich mich gefühlt, als ich übersehen, nicht vorgestellt, nicht beachtet wurde?

Welche Gefühle lösen in mir Fremdenhaß, Gewalttätigkeit gegen Ausländer aus?

Wie fühle ich mich als AusländerIn im Ausland?

Vom Rand in die Mitte geholt

Durch die Heilung des Aussätzigen zeigt Jesus, daß die am Rand Lebenden berufen sind, im Reich Gottes »Mitte« zu sein. Ausdrücklich identifiziert er sich mit den Geringsten; seine Botschaft, sagt er, gelte den Armen. Zum andern wird in seiner Nähe sichtbar, daß Menschen, die von sich glauben, in der Mitte zu stehen, in Wirklichkeit am Rande leben. Gerade »fromme«, auch in der Kirche engagierte Menschen, entgehen nicht der Gefahr, erliegen ihr vielleicht sogar, der Botschaft Jesu gegenüber blind, taub, stumm, lahm oder gar »tot« zu sein.

Das Aussätzige in mir

Wir alle haben etwas, was wir an uns nicht mögen und deshalb vor uns selbst leugnen. Bestimmte Seiten von uns grenzen wir aus unserem bewußten Selbstbild aus, lassen sie außen vor, verbannen sie vor die Stadtmauer unseres stolzen Ich's an den »Rand«. So wird das von uns Aus-gesetzte, aus unserem Bewußtsein Ausgegrenzte zum »Fremden«, zum »Aussätzigen« in uns. Es sind Teile unserer Person, mit denen wir nicht in Kontakt sind, keinen inneren Dialog führen, mit denen wir nicht kommunizieren. Was uns von uns selbst fremd bleibt, werden wir auch an anderen als fremd empfinden oder als bedrohlich ablehnen. Taucht in der Kommunikation mit unseren Mitmenschen ein Thema, ein Problem auf, das an unser »Aussätziges« rührt, wehren wir es unbewußt ab mit entsprechendem Gesprächsverhalten. Etwa fangen wir an zu theoretisieren, bringen Ansichten von irgendwem ins Spiel, sind aber mit unseren Gefühlen weder bei uns selbst noch beim anderen. Wir finden keine persönliche Antwort, in der etwas von unserem eigenen Erleben aufscheinen oder – auch in einer theoretischen Antwort –

mitschwingen würde. Oder wir verallgemeinern das Problem des andern, sagen, daß »das« ja bei allen so ist. Wir harmonisieren, weil wir mit Problemen nichts zu tun haben wollen; oder wir bringen uns mit moralisierendem Verhalten ein und werten ab, was andere vorbringen. Wenn wir keinen Zugang haben zu unserem eigenen Fremden in uns, wird die Kommunikation behindert. Wir können nicht unmittelbar sein von Mensch zu Mensch, suchen uns, wie gezeigt, »fremde« Stützen; wir sind nicht offen, wir blocken ab. Wir bleiben uns und anderen in wichtigen Aspekten des Lebens fremd. Wir zeigen uns nicht. Bleiben hinter einer Maske. Wir kommen über das Bild, das wir von uns selbst aufgebaut haben, nicht hinaus.

Die Geschichte von der Heilung des Aussätzigen sagt uns, daß gerade das »Aussätzige« in uns nach Heilwerden schreit. Es will zur Mitte kommen, indem ich es in mir zulasse, es mir bewußt mache. Ich *bin* auch mein Dunkles, Krankes, Ungeheiltes, mein Fremdes, mein »Aussätziges«. Wenn ich das zugeben kann, komme ich in eine versöhnte Beziehung zu mir, bin weniger von meinem eigenen Fremden blockiert, kann ohne Pfropfen in den Ohren, mit weniger Sperren im Innern zuhören, mit weniger Berührungsängsten dem mir außen begegnenden Fremden entgegenkommen. Auch für mich sagt Jesus: Ich will es. Werde rein. Werde frei. Werde heil. Wie der Aussätzige kehren wir dann um in eine weniger als bisher behinderte Kommunikation mit unseren Mitmenschen.

Jesus sagt zu dem Aussätzigen: »Ich will es«. Muß ich diese Antwort Jesu nicht für mich übernehmen, zu meinem Ausgegrenzten, »Aussätzigen« sagen: Ich will es. Werde rein. Um-kehr ist eine anstrengende, nicht von jetzt auf nachher zu erledigende Angelegenheit. Wir müssen dranbleiben, uns liebend um unser eigenes Heilwerden bemühen. Der am ganzen Leib mit Aussatz bedeckte Kranke *kam* trotz allem zu Jesus. Er machte sich hoffend auf den Weg ... Umkehr, Heilwerden ist ein Weg-Ereignis; ein nie endender Prozeß der Hoffnung.

Er war ihre einzige Hoffnung

Erst nach vier Tagen

Schon waren vier Tage vergangen, als Jesus der Bitte der beiden Schwestern entsprach. Voller Hoffnung hatten sie nach ihm geschickt und ihm sagen lassen, ihr Bruder Lazarus, sein Freund, sei krank. Aber Lazarus starb und wurde begraben, bevor Jesus nach Bethanien kam. Da empfingen ihn Marta und Maria mit denselben Worten: »Herr, wärest du hier gewesen, mein Bruder wäre nicht gestorben«. Nun aber war ihre Hoffnung zusammengebrochen. Der Tod wartete nicht. Trotzdem sagte Marta, die Jesus entgegengegangen war: »Aber auch jetzt weiß ich, alles was du von Gott erbittest, wird Gott dir geben«. Jesus antwortete ihr: »Dein Bruder wird auferstehen«. Marta sagte: »Ich weiß. Am jüngsten Tag«. Jesus konfrontierte sie daraufhin ganz unvermittelt mit der Botschaft, die vor ihr noch niemand gehört hatte: »Ich bin die Auferstehung und das Leben; wer an mich glaubt, wird leben, auch wenn er stirbt, und jeder der lebt und an mich glaubt, wird in Ewigkeit nicht sterben. Glaubst du das?« Und Marta erwiderte: »Ja, Herr, ich glaube, daß du der Messias bist, der Sohn Gottes, der in diese Welt kommen soll«.

Als Jesus Maria und die anderen weinen sah, wurde er im Innern erschüttert. Und auch er weinte. Als sie am Grab standen, befahl er, den Stein wegzunehmen. Er schaute zum Himmel hinauf und betete. Dann rief er mit lauter Stimme:

»Lazarus, komm heraus!« Er kam heraus, gebunden an Händen und Füßen. Als Jesus ihn sah, sagte er zu den Umstehenden: »Löst ihm die Binden, und laßt ihn gehen!« (vgl. Johannes 11,1–44).

Das Geheimnis Jesu

Die wichtigste Stelle dieses Textes sind die Worte Jesu, mit denen er Marta das Geheimnis seiner Person offenbart: »Ich bin die Auferstehung und das Leben«. Damit fordert er ihren Glauben heraus. Aber, hatte sie denn nicht schon geglaubt? Sagte sie ihm doch: »Wärest du hier gewesen …« Flossen in diese Worte nicht die Hoffnung und der Glaube zusammen, Jesus hätte den Bruder nicht sterben lassen, er hätte ihn gesund gemacht, wäre er nur rechtzeitig da gewesen. Der Evangelist läßt Marta obendrein den bedeutungsvollen Satz sagen: »Aber auch jetzt weiß ich, alles was du von Gott erbittest, wird er dir geben.« War das nicht Glauben? Genug Glauben? Welches Maß an Glauben, welche Art Glauben erwartete Jesus denn von seinen FreundInnen? Hatten sie ihn noch nicht als den erkannt, der er war? Glaubten sie an ihn als den Wundertäter, als den Gottbegnadeten, dem Gott alles gibt, worum er ihn bittet? – Jesus wollte Marta, die er liebte, nicht in einem Glauben lassen, der abhängig ist von Zeichen und Wundern. Er führte sie vom »Zeichen-Glauben« zum wahren Glauben. Deshalb die Selbstoffenbarung: *Ich* bin die Auferstehung und das Leben. Deshalb die Herausforderung: Glaubst du das? Jesus tat ihr die Augen des Glaubens auf für das Geheimnis seiner Person: ICH BIN DAS LEBEN! *Bevor* Jesus das Wunder wirkte, *bevor* er Lazarus auferweckte, wollte er für Maria das *Wunder des Glaubens* bewirken; eines Glaubens, der ihrer Freundschaft mit ihm würdig war, der ohne Zeichen und Wunder auskommt; der allein seiner Person, allein ihm galt. Für Marta mußte dieser Augenblick gewesen sein, als fahre ein Blitz herab und teile den Himmel, als zerreiße ein Vorhang in Stücke und gäbe das Dahinterliegende preis. Es muß ihr so gewesen sein, als könne sie jetzt erst sehen, indem sie *nichts* sah: kein Zeichen, kein Wunder. Aber ihn. Nur ihn. Und damit ALLES! – Wunder des Sehens – Wunder des Glaubens. Erfüllung aller Hoffnung!

Will solcher Glaube uns über das hinausführen, was man mit Augen sehen, mit Händen berühren kann? Heißt glauben, sich *allein* auf die Person Jesu verlassen? Auf sein Wort? Ist es dieser »nackte« Glaube, in dem wir wie aus unserer Haut herausschlüpfen, in dem wir uns selbst verlassen müssen, um zu einer »neuen Schöpfung« zu werden?

»Wer getauft ist, der hat Christus angezogen« (Galater 3,27). Wir sind im Glauben an Christus ein anderer, ein neuer Mensch. Denn wer an ihn glaubt, ihn »angezogen hat«, der hat den Tod schon hinter sich! Im Glauben an Christus können Menschen in eine äußerste, letzte Freiheit geraten, die ihnen in ungeahnter Weise Mut und Leben schenkt. Nur aus dieser Sicht heraus können wir verstehen, daß Menschen für eine durch ihr Gewissen erkannte Wahrheit sogar in den Tod gingen. Sie beriefen sich auf das Evangelium, auf Jesus Christus, dem sie nachfolgen und bis in den Tod hinein zugehören wollten. Ich denke an Franz Jägerstetter aus Österreich, an Dietrich Bonhoeffer und andere, die sich dem Naziterror nicht gebeugt haben und starben. Wir sollten aber auch jene Frauen und Männer nicht vergessen, die in unseren Tagen in sogenannten Drittweltländern durch Reiche und Mächtige starben, weil sie sich vor die Armen stellten, um sie vor Ausbeutung, Ungerechtigkeit und vor der Beraubung ihrer Hütten zu bewahren. Solche Menschen zählt die Kirche zu den Märtyrern. Was für ein Appell an unser Gewissen! – falls wir ihn überhaupt zur

Kenntnis nehmen, wo wir mit einem (oder keinem) viel geringeren Risiko hierzulande für Gerechtigkeit einzustehen hätten.

Glaubst du?

Das ist die zentrale, die aufregende Frage, die das Johannesevangelium mit der Geschichte der Auferweckung des Lazarus an uns stellt: Glaubst du, daß ich das Leben und die Auferstehung bin? Ist mein Glauben ein Glauben aus persönlicher Entscheidung für die Person Jesu? Ist es nicht erschütternd, zu lesen, daß selbst die engsten FreundInnen das Geheimnis Jesu nach all der Zeit ihres Umgangs mit ihm noch nicht erkannt hatten? Ist es nicht erschreckend, denken zu müssen, daß es auch uns, seinen Freundinnen und Freunden, so gehen kann, daß wir ihn kennen und doch nicht erkennen? Daß wir deshalb auch seine Glaubensforderung im Hier und Jetzt unseres Lebens nicht erkennen, nicht verstehen? Sie nicht, oder nicht eindeutig genug, leben?
Glaubst du das? Das war die Frage an Marta. Es ist die Frage an uns: Glaubst du an mich? Bin ich deine Hoffnung für Zeit und Ewigkeit? Wer von uns könnte sagen, daß er/sie nicht immerzu in der Entscheidungssituation des Glaubens an Jesus Christus stehen würde. Das für sich selbst anzunehmen, kann uns hoffen lassen, daß unser Glaube ein personaler, lebendiger Glaube ist, es bleibt, es *wird*. Glauben im Sinne Jesu – wie ihn das Johannesevangelium zeigt – ist nicht ein »Besitzen« des Glaubens als Lehr- und Satzgebäude. Er ist mehr als dies, mehr und anders als das Pochen auf Rechtgläubigkeit, mehr als in der »richtigen« Kirche eingeschrieben zu sein. Glauben, wie Jesus von Marta geglaubt werden wollte, will unsere ganze Existenz ergreifen, uns mehr und mehr wandeln. Uns. Seine Freundinnen und Freunde.

Ohne Zeichen und Wunder

Das Johannesevangelium ist ungefähr hundert Jahre nach Jesu Tod aufgeschrieben worden. Es spiegelt die Wirklichkeit der damaligen Gemeinden wider, ihre Fragen, ihre Schwierigkeiten mit dem Glauben. Es zeigt uns die Auseinandersetzung der Gemeinden mit der Botschaft Jesu als eine Entscheidungssituation zwischen Glauben und Unglauben (vgl. Grundkurs, 7. Kursteil, a.a.O.). Schließlich mußten die Glaubenden mit einem Glauben ohne Zeichen und Wunder auskommen. Sie haben Jesus ja nicht mehr erlebt, ihn nicht selbst gehört und gesehen.

Die Auferweckung des Lazarus ist deshalb die zentrale Stelle im Johannesevangelium, weil es uns auf die Gottesmacht verweist, durch die Jesus den Tod überwunden hat. Der Auferstandene fordert nun einen Glauben, wie er ihn seinem Jünger Thomas beschrieb, der nur glauben wollte, wenn er seine Finger in die Wunden Jesu legen konnte. Jesus sagte ihm: »Selig sind, die *nicht sehen* und *doch glauben*« (Johannes 20,24-29). Das war die Situation der Gemeinden des Johannes. Das ist auch unsere Glaubenssituation.

Wenn wir hoffend und glaubend zu Jesus kommen wie die Schwestern des Lazarus, kann Jesus auch unseren schwachen oder »toten« Glauben zum Leben erwecken. Wer an ihn *glaubt, hat* das Leben. Es ist Leben von der Art des Auferstandenen, das den Tod überwunden hat.

Heute auferstehen

Dann und wann passiert es uns, daß wir uns wie tot fühlen, daß wir wie erschlagen sind, daß unsere »Seele am Boden klebt« (Psalm 119,25), wir auf unserer Zunge Staub schmecken: unsere Gefühle sind eingefroren, unsere Lebensenergien erstarrt. Wir sind wie tot. – Aber – wir kennen auch das Gegenteil: wieder zum Leben kommen, wieder fühlen, lachen können, Energie haben, kreativ sein, Freude erleben, das Leben umarmen. Dann sind wir bereits aus unseren Gräbern auferstanden, in die wir versunken waren. Vielleicht haben wir uns in sie hineinverkrochen wie in einen Mutterschoß. Denn dann und wann brauchen wir ein solches »Grab der Ruhe«, wo wir unseren Schmerz ausleben, unsere Bitterkeit verarbeiten und danach wieder zu neuer Kraft kommen zum Weiterleben. Wir können auferstehen aus unseren Gräbern, aus dem Grab der Resignation, der Mißgestimmtheit, der Mutlosigkeit und Trägheit; aus dem Grab der Herzensverhärtung, der Selbstverschließung und aus unserem stolzen Unglauben. Auferstehen, das verlangt den Glauben der Marta, die sehend wurde für das Geheimnis Jesu.

Löst ihm die Binden

Als Jesus sah, daß Lazarus an Händen und Füßen gebunden war, sagte er zu den Leuten: »Löst ihm die Binden, laßt ihn gehen«. Jesus wollte, daß die Menschen den Lazarus auf dem Weg in sein neu geschenktes Leben begleiten. In diesem Zusammenhang denke ich an Therapeuten, die oft in langen Kommunikationsprozessen versuchen, Menschen von psychischen Fesseln zu lösen, sie aus Unfreiheit, Abhängigkeiten, aus Trauer und Resignation, aus Lebensängsten herauszuführen. Zum Berufsethos des Therapeuten gehört der Glaube, daß Menschen aus ihren Gräbern auferstehen können, wenn eine/r da ist, die/der sie herausruft, herausliebt, herausglaubt. Das ist die therapeutische Voraussetzung, um Menschen von seelischen Behinderungen und Blockaden zu befreien. Wir selbst könnten manchen unserer Mitmenschen, die in einem ihrer Gräber sitzen, die Hand reichen, um sie herauszuziehen, herauszulieben. Für manche könnten wir Hoffnungsträger sein.

Vielleicht erhellen einige Überlegungen den Weg, den wir einschlagen können:

Woran bin ich so gebunden, daß ich nicht zu meinem wirklichen Leben komme?

Was halte ich so fest, woran klammere ich mich, daß ich nicht das Erlebnis von Freisein habe?

Wodurch behindere ich mich selbst auf dem Weg, auf dem ich dort ankommen möchte, wohin ich mich sehne?

In welchem Grab sitze ich, aus dem ich auferstehen möchte, sollte?

Welchem Menschen könnte, müßte ich helfen, damit er/sie zu einem neuen Leben auferstehen kann?

Wovon müßte ich selbst los-lassen, um mir oder anderen helfen zu können?

Löst ihm die Binden! Jesus will, daß wir gehen können. Er »gibt unseren Schritten weiten Raum« (Psalm 18,37).

8

Miteinander hoffen – miteinander glauben

MAN KANN SAGEN,
DASS DER GLAUBE DAS ERSTE WORT
ÜBER DIE KIRCHE IST, DIE LIEBE DAS INNERSTE
UND HÖCHSTE,
ABER DAS LETZTE WORT
IN DIESER NOCH UNVOLLENDETEN ZEIT
IST DAS WORT HOFFNUNG.

BERNHARD WELTE

Über Glauben sprechen
stärkt die Hoffnung

Zum Staunen gekommen

Seit einiger Zeit haben sich in vielen Gemeinden kleine Gruppen gebildet, in denen Menschen miteinander über den Glauben sprechen. Ich arbeitete in einer Gruppe, in der es zuerst Einwände dagegen gab, daß man im Gespräch seine persönlichen Erfahrungen mitteilen möge. Doch konnten nach einer Klärung der Schwierigkeiten die meisten TeilnehmerInnen ihre Widerstände aufgeben. Eine Frau, die sich besonders heftig gegen solche Mitteilungen aussprach, meinte, sie könne doch ihr »Innerstes nicht preisgeben«. Nach dem Gespräch aber sagte sie: »Ich habe plötzlich in mir – und im Verlauf des Gespräches auch an anderen – eine Seite entdeckt, an die man sonst nicht herankommt. Preisgeben mußte ich gar nichts. Aber ich habe erfahren, daß ich mir selbst gegenwärtiger war als sonst, offener, gelassener zu mir hin, zu andern hin. Auch empfand ich eine Atmosphäre der Ehrfurcht und Achtung voreinander.«

Bei einem anderen Gespräch über ein biblisches Thema entdeckten und staunten die TeilnehmerInnen darüber, daß jede/r eine persönliche Geschichte mit Gott hat. Daß Gott im Leben eines jeden wirkt. Wenn auch jeweils anders, so gehe Gott doch mit jedem seinen/ihren Weg. Die eigene Glaubensgeschichte sei einem selbst oft wenig bewußt, im Gespräch aber neu aufgegangen. Man habe eine Stärkung in seinem Glauben erfahren, eine neue Nähe zu Gott spüren können. Daraus nähme man die Hoffnung mit, in seinem Alltag nicht mehr so häufig ins Schleudern zu kommen, seine Beziehung zu Gott bewußter leben zu können. Das sind oft gehörte Sätze, die Erfahrungen beschreiben, die

Menschen in Gesprächen über das Wort Gottes miteinander machen.

In diesen Gesprächen sagen wir einander, wie uns das Evangelium oder ein Wort der Bibel in einer konkreten Situation geholfen hat, wie wir diese im Licht des Wortes Gottes verstanden und gedeutet haben, wo es für uns Sinn aufleuchten ließ, wo wir vorher keinen Sinn entdecken konnten. Auf diese Weise können wir uns gegenseitig die »Wunder Gottes« in unserem Leben sehen lernen. Erleben wir, wie andere die sogenannten Zufälle des Lebens als aufmerksame Führung Gottes deuten gelernt haben, vermittelt uns das die Hoffnung, auch das eigene Leben darf so gesehen werden. Wir lernen voneinander, Gott zu trauen, was so viel heißt, wie auf ihn unsere Hoffnung zu setzen. Denn nur wenn wir, wie die Jünger Jesu, nicht schweigen, sondern von dem reden, »was wir gehört und gesehen haben« (Apostelgeschichte 4,20), können wir einander vermitteln, was das Wort Gottes als Hoffnungsferment für uns enthält. »Denn erst in der Sprache werden unsere Erfahrungen deutlich« (Bernhard Welte).

Hoffen und Glauben brauchen ein nahes Gesicht

Es gibt Christen, die dem Wort Gottes gegenüber eine völlige Abstinenz üben. Weder daß sie persönlich das Evangelium lesen, noch daß sie es in der Gemeinde hören. Das bringt eine Entfremdung vom Wort Gottes mit sich. Gleichzeitig wachsen Unverbindlichkeit und Gleichgültigkeit untereinander. Manche beschreiben diesen Zustand als »Verdunstung des Glaubens«. Ein Glaube, der sich von seinen Quellen fernhält, muß verkümmern. Ebenfalls ein Glaube, der kein nahes Gesicht, kein persönliches Gegenüber findet, wie das in unseren großen Gemeinden oft der Fall ist. Überall dort aber, wo wir über den Glauben miteinander reden, bekommt dieser ein nahes Gesicht. In unserem Miteinandersprechen scheint ja unser eigener Lebenshintergrund auf. Wir werden glaubwürdig füreinander, wenn wir uns nicht hinter dem anonymen »man« verstecken, sondern »Ich« sagen. Wir sprechen untereinander ja so vom Wort Gottes, wie es in den Boden unserer Lebenswirklichkeit gefallen ist und wie es sich dort in den tausend Situationen verwachsen hat. Die Lebensfrüchte, die dort gereift sind, können wir im Gespräch miteinander teilen. So wird und bleibt unser Glaube lebendig, weil wir uns Anteil geben an unserem durch die Beziehung zu Jesus Christus geprägten Leben. So stärken wir uns auch in der Hoffnung auf die Zukunft unseres Lebens bei Gott. Schon in diesen Gesprächen gewinnen wir eine Erfahrung davon, daß diese Zukunft schon begonnen hat: im Bei-uns-Sein Gottes mitten unter uns.

»Die Hoffnung springt aus den Steinen«

Von den Basisgemeinden aus Ländern der Armut wird erzählt, daß die Menschen aus solchen Gesprächen über den Glauben Hoffnung und Mut schöpfen, gegen Ungerechtigkeit und Armut zu kämpfen. Sie geben einander die Zuversicht, daß sie ihre Situation verändern können. Zwar sollen wir die Basisgemeinden nicht idealisieren, sagen jene, die dort arbeiten und mit ihnen leben. Trotzdem ist zu sagen, daß die Menschen einander reich machen, weil sie das Evangelium miteinander teilen, ihr Leben im Geist der Frohbotschaft zu sehen versuchen. Dadurch werden sie *einander gewiß* und vermitteln einander auch die *Gewißheit der Gegenwart Gottes* unter ihnen. Ihr gemeinsames und persönliches Gottesverhältnis, die erlebte Solidarität im Glauben, ist der jeweilige Ausgangspunkt für manche ihrer politischen Aktionen. Ihre

Motivation dafür wächst aus ihrer glaubenden Hoffnung, daß Gott mit ihnen und durch sie in der Geschichte ihrer Gemeinde, ihres Volkes handelt. Denn: »Überall, wo ›einer dieser Geringsten‹ (vgl. Matthäus 25,40) die Solidarität der anderen erfährt, beweist Gott seine Gegenwart« (Erhard S. Gerstenberger).

Wo das Evangelium miteinander betrachtet wird, wo alle daran Anteil haben im Hören und im Sprechen, wo einer dem andern von dem gibt, was er/sie vernommen, aufgenommen und verstanden hat, dort erneuert sich der Glaube. In den Basisgemeinden hat sich in den letzten Jahrzehnten auch die Theologie erneuert. Sie konnte sich aus ihrer Abstraktheit befreien und im Hören auf die Sprache des Volkes selbst eine neue Sprache finden. So haben die Glaubensgespräche dort einen Hoffnungsprozeß in Gang gesetzt, der für die ganze Kirche der Erneuerung im Glauben dienen kann. Denn auch bei uns ist die Überzeugung im Wachsen, daß Glaubensgespräche in kleinen Gruppen Gemeinden und Kirchen erneuern werden. Ein Wort des brasilianischen Kardinals Paulo Evaristo Arns kann auch uns darauf hoffen lassen. Er sagt aus einer Situation heraus, in der die Hoffnung das einzige ist, was den Menschen bleibt: »Die Hoffnung springt wirklich aus den Steinen heraus, sie kommt wirklich aus dem Sand. Sie kommt wirklich da, wo man sie gar nicht erwartet – da kommt sie heraus.«

Hoffen, das ist auch in unseren reichen Ländern, in denen sich immer mehr Menschen vom Glauben abwenden, das einzige, was uns bleibt. Resignation führt zu nichts. Sie ist, sollten wir uns darin verhärten, eine »Sünde gegen den Heiligen Geist«, der die Hoffnung in Person ist. Wie die Menschen in den Basisgemeinden können auch wir erfahren: Kommunikation über den Glauben schafft Beziehung, läßt Gemeinschaft und Zugehörigkeit erfahren. Das bringt Er-

mutigung, die eine Seite der Hoffnung ist. Und eine Forderung der Hoffnung ist: sehen, was für mich geht, was für
andere geht, um über unseren Glauben ins Gespräch zu
kommen. Aber: Man muß anfangen, um eine solche Erfahrung zu machen.

Sprechen aus der Erfahrung einer Beziehung

Glauben an Gott und Jesus Christus ist eine lebendige
Beziehung zwischen Gott und mir. Aufgrund der Taufe
»haben« und leben wir unseren persönlichen Glauben in
Gemeinschaft mit anderen Glaubenden. Glauben, das ist eine
Beziehung von der Art, daß ich in sie mit meiner ganzen
Existenz hineinverwoben bin. Eine Beziehung, von der ich
nicht loskomme, die mich beglückt, auch bedrückt, mich
in Zweifel stürzt, mir Not und Freude bringt.
Was mich innerlich bewegt, will sich auch äußern können.
Wie in jedem Gespräch, so gehen wir im Sprechen über
unsere Gottesbeziehung, über unser Gottesbild, ein Wagnis
ein. Durch das Glaubenswissen und die Glaubenserfahrung
anderer können wir zwar Bestätigung finden, Erweiterung
und Vertiefung unserer Glaubensbeziehung. Es kann unser
Gottesbild aber auch in Frage gestellt werden. Unsere Vorstellungen über christliches Leben, über die Freiheit der
Gotteskinder können ins Wanken geraten. Unsere verdrängten Zweifel können ans Licht kommen. Das ist nicht bequem,
das beunruhigt erheblich. Sicher brauchen wir diese Anfragen
an unseren Glauben gerade zu der Zeit, in der sie uns treffen.
In einem Glaubensgespräch werden wir auf einen Weg
geschickt, erleben den eigenen Glauben in seinem Wegcha-
rakter, wo wir vielleicht glaubten, schon angekommen zu
sein. Gerade dadurch aber können wir einander im Auf und
Ab unseres Glaubenslebens stärken, indem wir uns bestätigen,

daß es die Hoffnung ist, die in solchen Zeiten unseren Glauben aufrecht erhält.

Auch werden wir uns sagen können, daß Glauben durch die »Wüste« führt, dort geprüft wird und sich bewähren muß im Ausharren und Standhalten. »Wüste« ist ein Ort der Einsamkeit, des Hungers und Durstes, auch der Dunkelheit und Kälte. Vielleicht erleben wir solches, wenn uns existentielle Zweifel an Gott überfallen, wir an seine Existenz zeitweilig nicht glauben können. Wüste, das kann für uns eine Krankheit sein, ein Unglück, ein Schicksalsschlag, der Verlust eines lieben Menschen. In solchen Zeiten erleiden wir die Sprachlosigkeit des Glaubens. Vielleicht können wir noch sagen: »Ich glaube, hilf meinem Unglauben« (Markus 9,24). Keinem Menschen bleibt das Ringen im Glauben erspart. Ohne geistigen Kampf kommen wir nicht zu einem reifen Glauben.

Nach Erzählungen der Bibel war die Wüste immer auch ein Ort, wo Gott dem Menschen auf intensive Weise nahe kam. Ebenso werden wir in unseren Wüstenerfahrungen belehrt: Glauben ist Gottes Geschenk; zugleich ist Glauben unsere Antwort auf sein geoffenbartes Wort, in dem Gott uns anredet. Wüstenbelehrungen kann man eigentlich nur im Schweigen bedenken und bewahren. Andererseits treiben gerade sie uns an weiterzusagen, was wir darin gelernt haben, mit welchen Einsichten wir daraus hervorgegangen sind; welche Hoffnungen wir für uns und andere mitbringen. Häufig ging es Propheten so. In der Wüste erkannten sie ihren Auftrag. In der Wüste wurde das Drängen Gottes für sie deutlich, sein Wort unter das Volk zu bringen. Auch Jesus begann mit der Verkündigung seiner Frohbotschaft nach seiner Wüstenerfahrung.

Miteinander über den Glauben sprechen geschieht meist in der Sprachform des Erzählens. Darin wird am ehesten die eigene Betroffenheit spürbar, die auch andere berühren kann, ganz gleich, ob das Berührtsein aus dem momentanen Zweifel kommt, aus der Unsicherheit, dem Fragen, Suchen, Klagen, aus der Gewißheit der Freude, aus dem Gott-nicht-(mehr)-Verstehen, aus dem Erleiden seiner Ferne oder seines Schweigens. Was wir auch erlebt haben in unserer Beziehung zu Gott, was wir auch davon zu sagen uns entscheiden: In allem sollten wir authentisch, glaubwürdig sein. In solchem Austausch wird der Glaube zum Erlebnis von Gemeinschaft, von Verbundenheit und Zugehörigkeit, er wird zur Erfahrung *innerster Verwandtschaft*. Denn: »In der Taufe habt ihr Christus angezogen. Alle seid ihr eins in ihm« (vgl. Galater 3,27,28).

Unantastbare Intimität

Auch für Glaubensgespräche gilt, daß das Sich-Öffnen voreinander seine Rücksichten braucht. Man muß einander trauen können, lernt dies aber nur, wenn man sich traut zu sagen, was man möchte. Sind wir im Gespräch mit dem Evangelium zueinander auf dem Weg, lebt in uns ein Grundvertrauen, das aus unserer Verbundenheit im Glauben kommt, und uns auf Angenommensein und Verstandenwerden hoffen läßt. Doch immer ist es die persönliche Entscheidung des einzelnen, ob und wieweit er/sie von sich etwas sagen kann und will. Auch das schweigende Hören, das intensive, wache Gegenwärtigsein trägt ein Gespräch, nicht nur das Reden. Die in solchen Begegnungen erfahrene solidarische Verbundenheit ist die tröstende Hoffnung, die den einzelnen in der Gemeinschaft der Glaubenden zuwächst.

Da Glauben ein personales Ereignis ist, das zur unantastbaren Intimität des Menschen, zu seinem Geheimnis gehört, wird es wohl in keinem Gespräch gelingen, auf adäquate Weise auszudrücken, wie wir glauben. Ist uns dies doch eher verborgen, als daß wir darüber wie über einen Besitz verfügen könnten. Deshalb wird, was wir zu sagen versuchen, dieses Geheimnis eher verhüllen, als offenbar machen, wie wir unsere Beziehung zu Gott erleben. Gerade hier bleiben wir wie unter einem Schleier, dem Schleier der Hoffnung, die weder sieht noch besitzt (vgl. Römer 8,24 ff.), was sie erhofft. Wir werden vielleicht sagen: Es ist als ob … Wir werden mehr in Bildern, in Metaphern reden als Tatsachen berichten können. Gerade so verstellen wir uns den Zutritt nicht in den je eigenen Innenraum, der sich für den einzelnen vor seinem geistigen Auge auftun kann. Wir rühren vielleicht an unsere Sehnsüchte, an unsere Ahnungen. Das wäre viel. Wir können uns von dort her auf den Weg zueinander machen, uns Weg-Geschichten erzählen, Umwege schildern, und auch unsere Irrwege als Weg sehen und akzeptieren lernen. Wir können aus einer inneren Ferne uns selbst und anderen wieder nahekommen, können unseren Erfahrungen trauen lernen, sie ernst nehmen, sie gelten lassen als ein Geführtwerden durch Gott. Und einander glauben helfen, daß Gott alle unsere Wege mitgegangen ist. Und miteinander hoffen, daß er auch künftig alle Wege mit uns gehen wird.

Da Glauben der innerste, leiseste und doch stärkste, uns tragende Grund unseres Menschseins ist, gerade darum braucht er das vernehmbare, von uns selbst gesprochene Wort. Er braucht es, um sich im gesagten Wort selber zu erkennen. Man kann auch sagen: Mein Glauben braucht das Wort, von mir gesprochen, damit er sich darin seiner selbst gewiß werden kann. Er braucht es, um sich in seine eigene Hoffnungsgestalt hineinzuzeugen: in die Offenheit vor Gott. Glauben als Beziehung ist nie abgeschlossen. Sie bleibt offen, weil sie etwas Lebendiges ist.

Wir sind einander Glaubensautorität

Im Buch Deuteronomium (6,4-5) wurde ein Wort Jahwes aufgeschrieben, in dem er sein Volk verpflichtet, seine Worte weiterzusagen. Dort heißt es: »… diese Worte, auf die ich dich heute verpflichte, sollen auf deinem Herzen geschrieben stehen. Du sollst sie deinen Kindern wiederholen. Du sollst von ihnen reden, wenn du zu Hause sitzt und wenn du auf der Straße gehst, wenn du dich schlafen legst und wenn du aufstehst.« Damit ist jeder, der Jahwe als seinen Gott anerkennt, autorisiert zum Reden über seinen Gott.

Wenn wir Glaubende sind, wird unser Leben sprechen

Glauben kommt vom Hören. So hört ein Kind das erste Glaubenswort von seiner Mutter, seinem Vater. Hörend und schauend wächst es hinein in die Gemeinschaft der Glaubenden, in die Gemeinde. Der Glaube, das Glauben-Können hat viele VermittlerInnen. Da wir »alle einer in Christus sind«, da wir »in der Taufe Christus angezogen haben«, da wir mehrfach mit dem Heiligen Geist gesalbt sind, da wir mit dem »Leib Christi« gespeist werden, sind wir einander auch eine mehrfach autorisierte Glaubensautorität. Diese drückt sich nicht nur aus im Gespräch über den Glauben. Auch hier gilt, daß die Worte nicht alles sind; nicht die einzige Art, das Evangelium bekannt zu machen. Wenn wir Glaubende sind, wird unser Leben sprechen. Das ist möglich an allen Orten, in allen Lebensbereichen wie auch in unseren flüchtigen und dauerhaften Beziehungen. Auf vielfache Weise kann unsere Glaubensautorität zur Auswirkung kommen, und zwar in allen Abstufungen der Intensität:

Mitten im Alltag:

Wenn wir anderen Orientierung für ihr Leben geben: Aus einem informierten Glaubenswissen und der eigenen Glaubenserfahrung heraus können wir Menschen, die danach fragen, Orientierungs- und Entscheidungshilfen in lebens- und glaubenswichtigen Fragen geben. Menschen, die so aus ihrem Glauben heraus reden und handeln, treffen wir in allen Bereichen des Lebens, im Berufsleben, im Wirtschafts- und Geschäftsleben, in der Kunst und in der Wissenschaft, in der Politik ebenso wie in dem heute so wichtig gewordenen Freizeit: Am Skihang, am Meeresstrand, auf Berghütten, in Restaurants, im Reisebus, im Zug, in Kunstausstellungen, auf öffentlichen Märkten und auf dem Kinderspielplatz. Kein Bereich des Lebens ist ausgenommen, kein Ort, kein Platz. Überall kann ein im Glauben gereiftes menschliches Wort als Rat, als Lebensweisung, als Lebensweisheit anderen Menschen gesagt werden. Gerade so kommen wir dem nach, was wir als Menschen sind, die das Wort Gottes hören und es in ihrem Herzen aufgenommen haben.

Als Glaubensstärke:

Eine andere Art von Glaubensautorität können wir als Glaubensstärke erleben bei Menschen, die ein schweres Schicksal aus Gottes Hand angenommen haben, es täglich als Kreuz auf sich nehmen und in Ergebung zu tragen versuchen. Oft sind das Kranke, Gescheiterte und einsam gewordene Menschen. Ihre Glaubensautorität wächst ihnen nicht aus gescheiten Lehren zu, sondern aus ihrem tapfer angenommenen Leid und Leiden. Ihr Leben strahlt auf seine Weise auf ihre Umgebung aus. Manche, die sie besuchen, gehen mit Zuversicht und Hoffnung in das eigene Leben zurück.

Wenn wir einander segnen:

Viele Eltern segnen ihre Kinder, bevor sie das Haus verlassen, durch den Verkehr zur Schule müssen. In manchen Beziehungen nehmen auch erwachsene Kinder den elterlichen Segen an. Sterbende Eltern segnen die Kinder, den Ehepartner, so wie sie einander im Leben schon immer gesegnet haben. »Der Herr segne dich, wenn du fortgehst, und wenn du wiederkommst …« Diesen Segen können wir einander über jede Ferne hinweg zusagen. Wenn wir segnen, setzen wir ein sichtbares und spürbares Zeichen dafür, daß wir einander kostbar sind.

Durch Reagieren auf die Situation anderer:

Was in uns lebt, wirkt nach außen. Nicht nur, was wir sagen, sondern was wir sind, gibt Zeugnis. Was wir ohne Worte vermitteln, durch unsere Haltung anderen gegenüber, kann Weitergabe des Glaubens sein und eine Stärkung unserer Hoffnung. So kam ein junger Vater, plötzlich Witwer geworden, zum Glauben zurück, als ihm nach dem Tod der Frau eine Nachbarin anbot, die kleinen Töchter könnten täglich nach Schulschluß zum Mittagessen zu ihr kommen. Seine größte Sorge in dieser Situation fand so eine Antwort. Er konnte glauben, daß Gott sie ihm gab.
Eine junge Frau – kirchenfern – erzählt aus ihrer Kindheit: Sie werde nie vergessen, wie ihr Opa während der Messe – ihre kleine Hand in der seinen – sie liebevoll anschaute und dabei ihre Hand ein wenig drückte, wenn sie unruhig wurde. Sie fühlte sich dabei geborgen und glücklich. Manchmal habe sie nach diesem Gefühl geradezu ein schmerzliches Heimweh. Was dieser Großvater dem Kind vermittelt hat, war ein Heimatgefühl in der Gemeinschaft glaubender Menschen, das sie mit dieser immer noch verbindet.

Durch Besuche, Beachtung und Aufmerksamkeit:

Manche Gemeindemitglieder besuchen regelmäßig kranke, alte und einsame Menschen. Sie schenken ihnen das Erlebnis der Zugehörigkeit und das Bewußtsein, nicht vergessen zu sein. Durch die Besuche halten sie in ihnen das Bewußtsein aufrecht, zur Gemeinde der Glaubenden zu gehören. Durch sie kommt das »Wort« leibhaftig zu ihnen.

Durch Begleiten von Gruppen:

Menschen, die ihren Glauben weitergeben als Gruppenleiter/Innen für Kommunionkinder, für Konfirmanden, Firmlinge, in Frauen- oder Männer- oder Seniorengruppen, wachsen manchmal durch einen solchen Dienst aus einem erst zaghaften, nicht besonders informierten, noch wenig entschiedenen Glauben zum ersten Mal bewußt in ihn hinein. Für viele ist das eine starke Hoffnungserfahrung, weil sie ihr eigenes Leben in einer anderen Perspektive sehen lernen. Auch nehmen sie die intensivere Zugehörigkeit zur Gemeinde dankbar auf, die in ihrem Engagement ein erlebbares Echo findet. Viele gewinnen über die Enge häuslicher oder/und beruflicher Tätigkeit ein befriedigendes Beziehungsfeld bei Kindern und/oder Erwachsenen. Aus diesem frischen Erlebnis wächst ihnen eine Begeisterung zu, die sie zu weiteren Diensten motiviert. Manche entdecken dabei ihr Charisma, z.B. die Gabe des Leitens, Begleitens und die Gabe der Integration. Es ist ein besonderer Auftrag, der uns allen aus dem Hirtenamt der Kirche zukommt, Menschen ganz unterschiedlicher Herkunft, Menschen aus den verschiedensten sozialen Schichten und Lebensaltern auf die innerste Verwandtschaft, die wir im Glauben zueinander haben, zu versammeln, sie zu animieren, zu interessieren und unter ihnen gute Beziehungen zu ermöglichen. Solche Menschen leben beziehungsstiftend. Sie wirken als Persönlichkeit überzeugend und andere motivierend. Sie wirken gemeindebildend. Dieses Wirken von Christen an der Basis, die dabei sind, Beziehungsfelder zu schaffen, in denen Menschen über den Glauben sprechen und Gemeinschaft erfahren, ist eine der großen Hoffnungen für die Erneuerung des Glaubens und der christlichen Kirchen.

Durch Standhalten:

Wer den Glauben bezeugt und weitergibt, hat auch in der christlichen Gemeinde nicht nur »schöne« Erlebnisse. Man stößt auch auf Schwierigkeiten bei sich selbst und anderen Menschen. Schließlich kennen wir alle unsere Glaubensnöte, unsere Zweifel; wir kennen das »leere« Herz, das für sich manchmal keine Glaubensüberzeugung mehr finden kann; das Herz, das Gottferne und Gottverlassenheit empfindet; wir kennen das »Leiden« an der Gemeinde, die darin erlittenen Enttäuschungen, die Rückschläge; andere Ereignisse, die uns zweifeln lassen an der »innersten Verbundenheit«, an der »heiligen« Kirche. Entscheidungen kirchlicher Autoritäten, Verordnungen von oben herab erschweren uns obendrein unser Kirche-Sein. Auch leiden wir unter unserem eigenen Versagen, unseren Verirrungen und Sünden.
Wer mit Menschen in der Gemeinde arbeitet, der hat dann und wann auch das Bedürfnis, sich aus den kräfteraubenden Kommunikationsprozessen, Entscheidungsfindungen, der Vermittlungs- und Versöhnungsarbeit, den manchmal auch fruchtlosen und/oder konfliktreichen Sitzungen und Diskussionen, zurückzuziehen. Jeder hat das Recht, sich manchmal zu distanzieren von einzelnen, von Gruppen, von Räten; und manchmal auch von sonst selbstverständlichen Glaubens»pflichten«. In Zeiten, in denen wir Abstand und Distanz halten, ist es wichtig, sich zu prüfen und zu fragen, was uns mehr Leben gab, das *Ver*bleiben oder das *Fern*bleiben. Wenn wir uns darüber klar geworden sind, ist es gut, sich kürzere

oder längere Pausen zu gönnen, wo wir uns »ans andere Ufer« (Matthäus 14,22) retten oder »auf einen Berg gehen, um zu beten« (Matthäus 14,23). Wenn Leib und Seele sich von den Verausgabungen erholt haben, kann ein erneutes Engagement neue Freude bringen.

Durch aufbauende Kritik:

Als ein besonderes Hoffnungszeichen ist zu werten, daß Christen trotz vieler Enttäuschungen an und in der Kirche in ihrer Liebe zu ihr nicht nachlassen. Wo man wirklich liebt, wird auch kritisiert. Gleichgültige rührt nichts. Sie nehmen weder Anteil noch Anstoß. Heute ist unter engagierten Christen eine wachsende Ungeduld und Unruhe zu spüren. Darin zeigt sich das Bewußtsein von entschlossener Mitverantwortung und eine zu sich selbst erwachte Glaubensautorität, die sich auch Bischöfen und anderen kirchlichen Autoritäten gegenüber zu Wort meldet. In einem Diskussionspapier des Zentralkommitees der deutschen Katholiken ist zu lesen: »Die Selbstwiderlegung der Kirche durch Dialogverweigerung ist um so folgenschwerer, als Gesprächsbereitschaft gestern lediglich als ein Zeichen guten menschlichen Umgangsstils bewertet wurde ... Die Bereitschaft zum ehrlichen Dialog hat in der sich verschärfenden Situation öffentlicher Religions- und Glaubenspraxis längst nicht nur sozialen Wert, sondern *Verkündigungsqualität.*«
Daß die Glaubensautorität aller Getauften auf allen Ebenen der Kirche sich auszuwirken anfängt, darin besteht Hoffnung auf Veränderung nicht evangeliumsgemäßer Strukturen, die es auch hierzulande gibt.

Sprache finden für Menschen anderer religiöser Herkunft

Die neue Situation

Haben wir das Gespräch über den Glauben und die Erfahrung innerster Zugehörigkeit nicht dringend nötig in einer Zeit, in der so viele unterschiedliche Spiritualitäten auf den Markt des Lebens geworfen werden? Ist die Lebensorientierung am Wort Gottes und das Gespräch darüber nicht unerläßlich, wenn heute der eigene Glaube unter so vielen Einflüssen seinen christlichen Geist nicht einbüßen will? Uninformiert wäre er darüber hinaus auch nicht fähig, in einen für alle Seiten fruchtbaren Dialog mit den nichtchristlichen Religionen zu kommen. Durch den Zuzug von Menschen aus aller Welt sind uns diese auf dem kleinen geographischen Raum unserer Städte und Gemeinden nahe geworden. Für den Dialog mit Menschen ganz anderen Glaubens muß der eigene Glaube zu sich selbst gekommen sein. Dazu hilft u.a. das Einüben des Sprechens über den Glauben in der eigenen Glaubensgemeinschaft. Man muß für sich eine Sprache finden, wenn man nicht sprachlos anderen Glaubenssprachen gegenübertreten will. Ein Glaube, der nicht zu sich selbst gekommen ist, bleibt ohne Kontur, ohne Abgrenzung, weil er ohne Mitte ist. Gerade die Offenheit, die der Dialog mit anders Glaubenden erfordert, bedarf außerdem der Zentrierung in einer gelebten Beziehung zu Jesus Christus, auf dessen Tod und Auferstehung wir getauft sind. Wenn sich unser Glaube nicht immer wieder darauf besinnt, wenn wir uns nicht gegenseitig darin halten und gegenseitig bestärken, sind wir tatsächlich in der Gefahr, unsere große Hoffnung, die aus dem Glauben an Jesus Christus kommt, zu verwischen.

Wenn allerdings Menschen aus verschiedenen Religionen zum Gespräch zusammenkommen, die in ihrem Glauben zur Reife gefunden haben, werden sie keine Probleme haben, einander zu achten und zu verstehen. Sie werden über ihre Erfahrung mit dem »Geheimnis Gott« miteinander sprechen können.

Durch das nachbarschaftliche Zusammenleben verschiedenster Religionen auf dem Boden unserer christlichen Gemeinden ist eine neue Situation für Glauben und Verkündigung entstanden. Wir können gegenseitige Achtung, die Bemühung um Verständnis untereinander nicht mehr nur delegieren an die »Oberhäupter«. Was so nahe geworden ist, bedarf vor Ort einer menschlichen Antwort, einer mitmenschlichen Beziehung von christlicher Qualität. Menschen der verschiedensten Glaubensherkünfte werden sich nur dann achten und verstehen lernen, wenn sich jeder um einen informierten Glauben müht. Offenheit füreinander ist um so eher möglich, wenn wir über ein Grundwissen über die anderen Religionen verfügen. In manchen Schulen wird bereits der Versuch gemacht, daß Kinder sich gegenseitig unterrichten über Inhalt und Praxis ihrer Religion. Man stellt fest, daß der eigene Glaube dadurch bewußter wird, mehr Kontur erhält.

Boten der Menschenliebe Gottes

Das Glaubensgespräch der Christen in unseren Gemeinden hat auch aus dieser Situation heraus eine neue Aktualität erhalten. Wir sind herausgefordert, uns um einen lebendigen Glauben zu bemühen. Dafür brauchen wir einander: Denn das Gespräch ist der intensivste Ausdruck von Lebendigkeit, von Begegnung, Freundschaft, Liebe. Wir werden einander daran erinnern und ermahnen, die Menschenfreundlichkeit, die wir selbst einander geschenkt haben, über unseren Kirchturm hinaus ausstrahlen zu lassen. Wo wir als einzelne mit Menschen anderer Religionszugehörigkeit am Arbeitsplatz, im Wohngebiet und auf der Straße zusammenkommen, sollten wir uns als Boten der Menschenliebe und der Freundlichkeit Gottes erweisen. Das wäre schon Sprache aus dem Glauben an einen Gott, der alle Menschen liebt, allen sein Heil zugedacht hat. Durch entsprechendes Verhalten diese Botschaft zu vermitteln, ist eine notwendige Hoffnungsarbeit in unserer Zeit. Fremdenfeindlichkeit und Diskriminierung stehen im Widerspruch zum Evangelium.

Die Hoffnung Gottes nicht enttäuschen

Wenn wir das Wort Gottes hören, bekommen wir es nicht zum bloßen Selbstverbrauch. Wir bekommen es für »das Heil der ganzen Welt«. Zwar hat niemand das Gewicht der ganzen Welt auf den Schultern. Jede/r hat in seiner/ihrer kleinen Welt genug an Last zu tragen. Wir sind deshalb auch nicht für die ganze Welt verantwortlich. Aber in unserer kleinen Welt spiegeln sich die Probleme und die großen Hoffnungen der ganzen Welt. Mit ihnen sind wir verbunden und verwickelt an dem Platz, an dem wir leben, arbeiten, lieben, hoffen, leiden, zweifeln, fallen und wieder aufstehen. Als der Golfkrieg ausbrach und Angst und Erschütterung darüber durch die Welt ging, schrieb mir eine Freundin: »Wir alle sind ein Teil dieser Aggression – durch die Vernachlässigung des Guten und der so schwer zu verwirklichenden Liebe.«

Unser Glaube gibt uns das Bewußtsein, daß »Gott seine eigene Hoffnung in unsere vergänglichen Hände gelegt hat, so daß es an uns ist, Gottes Hoffnung nicht zu enttäuschen« (Charles Péguy). Weil in unserer Welt die Probleme so komplex geworden sind, so daß wirksame Antworten und Lösungen immer schwieriger werden, bekommen die kleinen, konkret verwirklichten Hoffnungen immer mehr Gewicht. Es sind die nahen, deshalb sichtbar wirksamen Hoffnungen, die wir zu leben als Menschen – und als Christen erst recht – verpflichtet sind.

Christsein heute heißt, sich in Tat und Wort den großen Menschheitshoffnungen, in denen sich die Hoffnungen Gottes für seine Welt widerspiegeln, verpflichtet wissen. Diese großen Hoffnungen müssen zwar formuliert und öffentlich gemacht werden: als Friedenshoffnung, als Bewahrung der Schöpfung, als Gerechtigkeit für alle. Sie verlangen aber die alltägliche Hoffnungsarbeit an der Stelle »Welt«, an der wir für die Verwirklichung dieser Hoffnungen zuständig sind. Denn wo ich stehe, steht kein/e andere/r. Verantwortung wegschieben, geht nicht. Sie bleibt uns; sie bleibt mir; sie bleibt jedem.

9

Wenn wir beten, verdichtet sich unsere Hoffnung

GEGEN ALLE HOFFNUNG
HAT ER VOLL HOFFNUNG GEGLAUBT.

RÖMERBRIEF 4,18

Im Gebet verwirklichen wir
unsere Ur-Beziehung zu Gott

Wir geben unsere Arroganz auf

Wenn wir beten, geben wir der Ur-Beziehung, die wir Menschen zu Gott haben, in Worten und Gesten Ausdruck. Von den Ur-Anfängen her haben Menschen sich an »Gottheiten« gewandt, da sie sich in einer rätselhaften Welt ausgesetzt und bedroht vorfanden. Wo immer Menschen auch beten mögen, drücken sie als Geschöpfe, die ihr Leben einem anderen verdanken, ihre religio – ihre Rückbindung an Gott aus. Wenn wir beten, bekennen wir uns zu unserem Ur-sprung, zu unserer Herkunft von Gott. Im Gebet stehen wir zu unserer Abhängigkeit, zu unserer Begrenztheit und Endlichkeit. Im Gebet finden wir zu unserer geschöpflichen Wahrheit. Wir werden daher im Gebet mit einem ur-sprünglichen, nicht zu verleugnenden Aspekt unserer Existenz identisch: Wir sind und bleiben geschaffene Wesen. »Im Gebet geben wir unsere Arroganz auf«, sagte neulich eine Frau in einer Sendung, die das Amt eines islamischen Mullah innehat. Im Gebet bekennen wir, daß unsere Welt auch heute voller Gefahren und Bedrohung für uns ist. Mit und durch unsere technische Intelligenz haben wir diese einerseits zwar gebannt, andererseits aber auch vergrößert. In dieser Situation schauen wir aus nach Rettung und nach Schutz. Und wir wissen, daß wir ohne Gottes Hilfe nichts zustande bringen werden. Die Hilfe Gottes wirkt nicht als Eingriff in unsere technische Welt. Gott verändert von innen heraus. Er gab uns seinen Geist, auf den wir hören können.
Wenn wir beten, ist die Welt nicht hoffnungs-los sich selbst überlassen. Denn im Glauben wissen wir, Gott ist nicht nur der Gott unseres persönlichen Geschicks. Er ist auch der

Gott der Menschheitsgeschichte. Er ist der Gott der von ihm gewollten, durch ihn gewordenen, und der von ihm so sehr geliebten Welt. Wenn wir beten, sprechen wir uns vor Gott aus über uns selbst, über seine Menschheit, über seine Welt. Wenn wir beten, bringen wir alles vor Gott zur Sprache. Betend sind wir ein Kristallisationspunkt, in dem die Welt vor Gott kommt. Auf Gott hin verdichten sich alle unsere Hoffnungen. Gott *ist* unsere Hoffnung.

Wir intensivieren unsere Hoffnung

Wenn wir am Ende sind mit unseren Möglichkeiten, wenn wir alles getan haben, wenn nichts mehr hilft, wenn wir keinen Ausblick und keinen Ausweg mehr haben, sagen wir: Da hilft nur noch Beten. Im Gebet intensivieren wir unsere Hoffnung in dem Glauben, daß Gott ist; daß Gott sieht; daß Gott hört; daß Gott meine Lage kennt; daß Gott mich, uns liebt, und daß er will, daß es uns »gut« geht. Diese ganz unbezweifelbare Hoffnung drückt der Psalmist in bildhafter Sprache aus: »Du, der du das Ohr geformt hast, solltest nicht hören? Der du das Auge gemacht hast, solltest nicht sehen?« (vgl. Psalm 94,9). »Du hast mein Elend angesehen, du bist mit meiner Not vertraut« (Psalm 31,8). Diese Hoffnung lebt in jedem, der betet.
Obwohl unsere Hoffnung nicht immer unangefochten ist, beten wir dennoch. Trotz Zuversicht und Vertrauen spüren wir manchmal den Vorbehalt, denken oder sagen: Hilft Beten wirklich? Denn nicht immer erkennen wir, wie Gott hilft, oder wie er geholfen hat. Oft können wir uns auch im Gebet nicht lösen von unseren Vorstellungen, können keinen anderen Gedanken, keinen anderen Lösungsversuch für ein Problem zulassen, außer unseren eigenen. Verkrampft in den Eigen-Sinn sind wir manchmal nicht fähig, im Gebet offen

zu werden für die Führung Gottes. Unser Vertrauen läßt sich nicht auf Gott ein. Was uns besonders schwer fällt, ist, zerbrochenen Hoffnungen zuzustimmen, Umsonsterfahrungen zu akzeptieren, durchkreuzten Plänen nicht nachzutrauern. In solchen Zeiten verwandelt sich die Hoffnung in Klage und Anklage. Wir befragen unseren Gott, wie weit denn seine Güte reiche; ob er uns wirklich liebe oder uns nicht doch vergessen habe. Wir fragen die häufigste aller Fragen, wie er denn »dies« habe zulassen können. Wir zweifeln, ob er wirklich hört, erhört.

Die Hoffnung, die wir in Gott setzen, läßt auch den Zweifel zu, den Zorn und die Trauer, den Schmerz und die Klage. Auch sie sind Gebet, weil wir in ihnen unsere Beziehung zu Gott ebenso leben, manchmal in besonders intensiver Weise. Wir erleben Gott als den, den wir mit allem beladen können, als den, der sich auch dann nicht von uns abwendet. Solange wir beten, ganz gleich auf welche Weise, hoffen wir: Wir lassen ihn nicht, bis er uns segnet (vgl. Genesis 32,27). Gerade den Trauernden gehört eine Verheißung: »Sie werden getröstet werden« (Matthias 5,4).

Unsere Hoffnung kann sich intensivieren in einem Dankgebet, wenn es uns gut geht, erst recht, wenn sich Hoffnungen erfüllen. Sie kann sich steigern zum Jubel, wenn uns das Leben begeistert, die Liebe uns glücklich macht und die Wunder des Lebens uns vor ihr Geheimnis stellen. Spontan fangen wir an, Gott zu loben, wenn wir seine Schöpfung bestaunen, in der er »alles mit Weisheit geschaffen hat« (vgl. Psalm 104,24). In der starken Bewegtheit, in der sich Beten innerlich vollzieht und sich in vielen Formen ausdrückt, werden wir unserer persönlichen Beziehung zu Gott gewiß. Wir intensivieren sie auf einmalige Weise. Daraus wächst uns jedesmal neue Hoffnung zu. Denn Hoffnung lebt aus dem Gebet, und Gebet lebt aus der Hoffnung. Im Gebet verwirklichen wir unser eigenes Hoffnung-Sein.

Gebet als Schrei der Hoffnung

Wir zweifeln und hoffen doch

In mancher Not wird das Gebet zum Schrei der Hoffnung. Zu einem Schrei, in dem die Verzweiflung nistet. Zu einem Schrei, in dem die Angst haust, in dem Schrecken und Entsetzen sich Luft verschaffen vor Untergangsängsten und Tod. Und manchmal ist unser Gebet nur noch ein Schrei der Verzweiflung, in der dennoch die Hoffnung lebt: Gott werde retten. So betete vor Jahrtausenden ein Mensch: »Hilf mir, mein Gott, schon reicht mir das Wasser bis an die Kehle. Ich bin in tiefem Schlamm versunken und habe keinen Halt mehr; ich geriet in tiefes Wasser, die Strömung reißt mich fort. Ich bin müde vom Rufen, meine Kehle ist heiser, mir versagen die Augen, während ich warte auf meinen Gott« (Psalm 69,2-4). Und ein anderer Schrei, der durch alle Generationen und Zeiten geht. »Aus der Tiefe schrei ich, Herr, zu dir. Herr, höre meine Stimme ...« (Psalm 130,1).

Die Ungerechtigkeit schreit zum Himmel, Menschen, die hungern schreien. Menschen, die flüchten vor Verfolgung, aus Unfreiheit, aus Armut, vor Naturkatastrophen, Menschen schreien, die ohne Zukunft sind ... Es ist ein Ur-Schrei, ein Menschheitsschrei, ein unaufhörlicher Schrei, der durch die ganze Welt zum »Himmel« steigt ... Und mancher Mensch hat gerade in tiefster Not erfahren, daß sein Schreien gehört wurde. »Er neigte sich zu mir und hörte mein Schreien« (Psalm 40,2). Gott hört; Gott rettet ...; wenn wir Menschen an diesem Schrei der Not nicht kalt vorbei leben. Wenn auch wir versuchen zu antworten.

Wer betet, ist nicht ohne Hoffnung. Wenn wir auch ins Un-ermeßbare unser Vertrauen investieren, hoffen wir dennoch, daß Beten hilft. Daß Beten eine Kraft vermittelt, eine Zuversicht schenkt, die wir gerade jetzt brauchen. Aus dieser Hoffnung lebt jedes Gebet.

Wer betet, hält für die ganze Menschheit die Hoffnung wach auf das Kommen des Reiches Gottes als Gerechtigkeit, Güte, Friede, Liebe. Wer betet, ist wach für das Vergehen dieser Zeit und hofft auf das Wiederkommen Christi, »auf den neuen Himmel, auf die neue Erde« (Offenbarung 21,1).

Hoffnungen, die wir ins Gebet nehmen

Jeweils ganz andere Hoffnungen

Je nachdem, in welchem Lebensalter wir uns befinden, ob wir eine Frau oder ein Mann sind, je nachdem, ob in unserem Land Frieden oder Krieg ist, ob die Menschenrechte dort geachtet und garantiert sind oder ob sie verletzt werden, ob wir zu einer armen oder reichen Gesellschaft gehören, selber arm oder reich sind, ob wir Wohnung haben oder wohnungslos sind, Arbeit haben oder keine, ob wir gesund oder krank, glücklich oder unglücklich sind …, immer sind es je ganz individuelle Hoffnungen, die jemand in ihr/sein Gebet bringt.

Unsere Hoffnungen bestimmen also unser Beten. Es sind Hoffnungen

für die Welt und für die Menschheit:
daß die Kriege aufhören, der Rassenhaß, die Feindschaften;
daß Frieden wird für alle;
daß die Ungerechtigkeit überwunden wird; daß die Schöpfung bewahrt wird auch für die kommenden Generationen
…

für die Kirche:
daß sie sich zum Evangelium bekehrt, auf Macht verzichtet, auf Reichtum;
daß sie immer mehr eine Kirche für die Menschen wird;
daß *eine* christliche Kirche *in* den verschiedensten geschichtlich gewordenen Ausprägungen möglich wird;
daß unwürdige Normen und Bestimmungen überwunden werden;
Menschen ihre Sehnsucht nach den Sakramenten leben dürfen, auch wenn sie geschieden sind;
daß den Frauen der Weg zu den Ämtern der Kirche geöffnet wird;
daß wir einen geschwisterlichen Umgang miteinander finden werden …

für alle, die uns nahe stehen:
daß wir befreit werden oder bleiben von Sorgen und Not;
befreit werden von Ängsten und Enge;
befreit von Menschen, die uns übel wollen;
befreit von Unterdrückung durch andere;
befreit von Haß im eigenen Herzen, von Unfrieden und zermürbender Unzufriedenheit;
daß wir Kraft finden, Unabänderliches mit einem Herzen anzunehmen, in dem das Einverständnis mit unserem Geschick uns Frieden gewährt;
daß wir Vergebung finden untereinander und vor Gott;
daß wir die Gewißheit ahnen von einem Sinn, auch dort, wo wir ihn nicht sehen können …

für meine eigene persönliche Beziehung zu Gott:
daß ich in mir die Sehnsucht nach Gott erfahre und von
ihr ergriffen werde;
daß ich in diese Beziehung alle Innigkeit, zu der ich fähig
bin, einbringen und leben kann;
daß ich meine Sprache finden werde, in der ich mich so
ausdrücken kann, wie eben nur ich es tue;
daß ich Tröstung und Geborgenheit, tiefes Einssein mit mir
selbst und mit Gott erfahre; daß ich die Sehnsucht, die Gott
nach mir hat, erspüren und beantworten kann;
daß Gott nicht zulasse, »daß ich mich jemals von ihm trenne«
…

Das Gebet läßt keinen Aspekt des Lebens aus

Alles, was uns berührt und wovon wir uns berühren lassen,
kann im Gebet zur Sprache kommen. In der Sprachwerdung
unserer Anliegen vor Gott erleben wir eine tiefe Verbundenheit mit jenen, für die wir beten. Wir identifizieren uns
mit den Hoffnungen Gottes als Heil für Menschen und Welt.
Gebet ist ein Heilungsprozeß zuerst für den Betenden selbst.
Wenn wir uns im Gebet von Gott berühren lassen, heilen
unsere »Wunden«.
Viele dieser Hoffnungen werden in den »Fürbitten« im
Gemeindegottesdienst in Worte gebracht. Wir stellen uns
zu diesen Hoffnungen, indem wir antworten: Herr, erbarme
dich. Wir bitten dich, erhöre uns.

Sprache finden für unsere Hoffnung

Auch das Schweigen ist eine Sprache. Manchmal ist die Freude zu groß; zu schwer kann andererseits unsere Bedrückung sein: Nur in wortlosem Schweigen können wir Gott uns selbst hinhalten, denn er ist »mit unserer Not vertraut«. Es bedarf keiner Worte, nur unserer Anwesenheit vor ihm, glaubend, vertrauend, daß er da ist. Das kann ein tieferes, stärkeres Gebet sein, als ein wortreiches Beten. Auch gibt es Menschen, die sich schwer tun, sich in Worten auszudrücken. Sie bringen, was sie innerlich bewegt, in einer Geste, einer Haltung zum Ausdruck, manche sogar im Tanz.

Sprachlos vor Gott

Es gibt eine Sprachlosigkeit im Gebet, die andere Wurzeln hat. Momentane Erschöpfung, Kraftlosigkeit, Verausgabung, Abgehetztsein, Freudlosigkeit, Gottferne … Was immer auch uns manchmal keine Worte finden läßt, was immer auch der Grund für unsere Gebetsnot ist und sein kann, der Römerbrief hat für uns ein Trostwort bereit: »Hoffnung, die man schon erfüllt sieht, ist keine Hoffnung … Hoffen wir aber auf das, was wir nicht sehen, dann harren wir aus und warten geduldig. So nimmt sich auch der Geist unserer Schwachheit an. Denn wir wissen nicht, wofür wir in rechter Weise beten sollen; der Geist selber tritt jedoch für uns ein mit unaussprechlichem Seufzen« (Römer 8,25-27). In einem Zustand von Sprachlosigkeit und Gebetsnot kann uns dennoch die Gewißheit von der Nähe Gottes gegeben werden, wenn wir uns glaubend erinnern, daß »der Geist Gottes in uns wohnt« (1 Korinther 3,16). Wohnen, das ist ein Bild für Nähe, Vertrautheit, von Einanderkennen(lernen).

Schwierigkeiten mit der Sprache

Aus einer langen jüdisch- christlichen Gebetstradition kennen wir viele Gebetstexte. Manche Psalmen z.B. drücken so treffend unseren jeweiligen inneren und äußeren Zustand aus, daß wir uns in ihnen am ehesten finden können; in anderen Psalmen und Texten aber gerade nicht. Wir haben Schwierigkeiten mit manchen Gebeten, die frühere Generationen aus einer anderen Welterfahrung und einem anderen Lebens- und Kirchenverständnis heraus formuliert haben. Dazu gehören auch offiziell-liturgische Texte. Sie geben Menschen von heute oft nicht das Gefühl, daß sie und die Anliegen der Menschen von heute darin vorkommen. Es gibt Texte, mit den sich manche nicht oder nur wenig identifizieren können. Das in unserer Zeit verstärkte Bedürfnis, sich selbst, anderen und Gott gegenüber ehrlich und wahrhaftig zu sein, brachte auch eine bewußtere Sensibilität für unsere Gebetssprache mit sich. So melden sich in einem Vorbehalte an, während Texte vorgebetet werden. So geht es z.B. Frauen mit einer in unserer Christenheit fast ausschließlich maskulinen Sprachform. Die Vorbehalte, gegen die sich Gefühle wehren und die der Verstand analysiert, bringen vom Beten ab. Sie drängen sich zwischen Gott, den wir finden wollen, und uns. So kommt manchmal in Gottesdiensten gerade nicht zustande, worauf wir gehofft haben: Daß uns der Text zu Hilfe kommt, uns dort abholt, woraus wir kommen − aus der Betriebsamkeit, aus zwar wichtigen Geschäftigkeiten, die uns oft bis in den Schlaf und auch bis ins Gebet hinein verfolgen. Im Gottesdienst möchten wir mit allen Kräften, mit Verstand, Herz und Gemüt vor Gott anwesend werden. Wir kommen in der Hoffnung, auch von der Sprache berührt zu werden, von den Worten, von der davon ausströmenden Atmosphäre. Wir möchten uns selbst gegenwärtig werden dürfen und uns in der Gegenwart Gottes und der Kraft einer glaubenden Gemeinde erneuern lassen. Wir möchten immer erneut »wiedergeboren werden aus dem Wasser und dem Heiligen Geist« (Johannes 3,5). Hätten wir dies nicht schon erfahren, hätten wir die Hoffnung nicht, daß es uns wieder und wieder geschenkt werden kann. Deshalb gehört zu dieser Hoffnung die Bereitschaft, gemeinsam eine Sprache für heute zu suchen, zu versuchen. Dabei brauchen wir Geduld füreinander. Geduld ist die Schwester der Hoffnung.

Hoffen, im Gebet ganz Mensch zu sein

Beten – ein menschen-würdiges Tun

Bei einem Seminartag, der an einem Samstag stattfand, traf ich eine Bäuerin, die mich in der Pause ansprach und sagte, ihre Leute zu Hause seien ihr böse, weil sie zu dieser Tagung gegangen sei. Ebenfalls würden sie sich darüber aufregen, daß sie nicht davon ablasse, den Sonntagsgottesdienst zu besuchen. Das sei verlorene Zeit. Es warte doch so viel Arbeit auf jeden, der in der Landwirtschaft tätig sei. Sie aber müsse zu einer solchen Tagung, müsse zum Gottesdienst. Wenn ich das unterlasse, sagt sie, werde ich depressiv, bin ich kein Mensch mehr. Während der Eucharistiefeier saß ich ihr gegenüber. Ich sah ihr Gesicht in tiefer Sammlung von innen aufleuchten. Ich sah die Würde, die das Gebet dieser abgearbeiteten Frau verlieh. – Und jedem Menschen schenkt, der sich betend vor Gott weiß. Es scheint darin etwas auf vom Heil- und Ganzsein-Können des Menschen durch Gott.

Diese Frau sprach in ihrer kurzen Äußerung einige Zeitströmungen an, die unsere Gebetsfähigkeit angreifen, sie
gefährden, schwächen oder sie gar verkümmern lassen können. Das sind Leistungsorientiertheit, Hetze und Hast, der
Freizeitkonsum, das »schnelle Leben«, die Flut der Bilder,
der Eindrücke, der Lärm. Sie stehen dem entgegen, was wir
im Gebet zu erleben hoffen: innerste Sammlung; nichts
leisten müssen; einfach da sein dürfen; die Seele bei Gott
ausruhen lassen; offen, empfänglich sein für seine Gaben.

In unserer Zeit ist »Zeit Geld«. Es muß etwas »drin sein«
und immer etwas dabei herausspringen, herauskommen. Im
Gebet hoffen wir, zeitlos zu sein. Wir lassen uns von Gott
erfüllen: Er schenkt uns seine Gegenwart.

Heute wollen wir in jeder Hinsicht Sicherheit und Garantie.
Im Gebet lernen wir, daß wir nicht alles in der Hand haben
müssen. Wir dürfen vertrauen und auf Gott unsere Hoffnung
setzen.

Im Gebet darf ich zu meiner Schuld stehen, zu meinem
Versagen. Ich muß vor Gott nicht perfekt sein. Er liebt
mich, wie ich bin. Ich muß meine Schuld nicht weg-erklären.
Ich darf und kann vor ihm meine Schuldanteile anschauen,
muß sie nicht verdrängen und verleugnen. Gott erlaubt mir,
daß ich auch meine dunklen Seiten liebe, um sie im Prozeß
meines Reiferwerdens zu wandeln und zu integrieren. Ich
darf vor ihm mit allem ganz da sein, ganz ich selbst werden.

Wer betet, lebt gegen-läufig

Unser Hoffen, uns im Gebet ganzheitlich zu erleben, wird
nicht enttäuscht werden, wenn wir uns um das Gebet mühen.
Das Gebet ist eine Anstrengung, weil wir, wenn wir beten
wollen, gegen-läufig leben, gegen Zeitströmungen schwimmen, kämpfen müssen. Ein Lehrmeister des Gebetes sagt,

daß wir ohne große Anstrengung nicht zum Beten kommen. Er meint, je tiefer unser Gebet würde, desto größer werde unsere Mühe. Wer wirklich betet, kennt den Kampf, die tausend neuen Anfänge, die Versuche, das Scheitern, den Stillstand, den Verlust, die ganze Not des Betens. Er kennt das Weit-weg-Sein von der Wohnung des Geistes, die Unfähigkeit zu beten, obwohl wir festhalten an der Gewohnheit des Betens. Ohne die Hoffnung und die Erfahrung, daß Gott es ist, der uns anruft, könnten wir kaum zum Beten Kraft finden.

Wie in der Hoffnung, so überschreiten wir auch im Gebet Grenzen

Die Hoffnung ist allem voraus

Die Hoffnung läßt sich nicht anbinden. Sie ist immer allem voraus, was wir leben, wie sie auch in allem ist, was jetzt ist. Gerade die Grenze des jeweiligen Moments bricht sie auf und überschreitet ihn in die Zukunft hinein. So überschreiten wir mit der Hoffnung Grenzen, wenn wir beten. Gebet hebt Begrenzungen auf. Wir überschreiten die Grenze vom Ich zum Wir, indem wir für andere und auch mit anderen beten.

Im Gebet überschreiten wir unsere Einsamkeit, unser Alleinsein. Wenn wir beten, sind wir durch den Heiligen Geist im »Herzen der Kirche«, verbunden mit allen, die glauben. Wer betet, erfährt sich eins mit sich, mit Allen, mit Allem, mit Gott, der »Alles in Allem ist« (1 Korinther 15,28). Wer betet, hält die Hoffnung wach auf das Kommen des

Reiches Gottes, auf die Wiederkunft Christi, auf das ewige Hochzeitsmahl, zu dem Gott die Menschheit als Braut heimführt: die große Hoffnung für alle.

Warten an der Grenze

Es gibt die seltene, doch wirkliche Erfahrung eines plötzlichen Hereinbrechens von Licht, das mit den Sinnen des Geistes verkostete, fühlbare Berührtsein von Gottes Gegenwart, das Eingetauchtsein in diese. Wie kann man es sagen, was einem da widerfährt? Vielleicht mit diesem Wort: »Zehntausendmal heller als die Sonne, sind deine Augen über mir« (Sirach 23,19)? Ein Schauen Gottes ohne Schauen, ein Licht-Dunkel, ein Mitten-drin-Sein in etwas, das größer ist als ich, ein Umfangensein, ein Betroffensein, ein Meer von Sein … Wer könnte es sagen! Wer es erfahren hat, wird warten an der Grenze. Warten, weil sie nicht aus eigener Kraft, aus eigenem Vermögen überschritten werden kann. Gott ist es, der sie auf uns zu überschreitet, uns grenzenlos sein läßt in der Begegnung mit ihm, dem unendlichen Gott. Nur wer dem Geheimnis Gottes nahe kommt, kommt seinem eigenen Geheimnis näher.

10

Mit Hoffnungsworten leben

DEIN WORT IST MEINEM FUSS EINE LEUCHTE,
EIN LICHT FÜR MEINE PFADE.

PSALM 119,105

»Nicht das Vielwissen
sättigt die Seele ...«

In unserer Zeit beobachten wir eine wichtige geistige Bewegung. Sie ist gekennzeichnet durch ein stärker werdendes Bedürfnis nach bewußter Wahrnehmung wichtiger Lebensvorgänge und durch das Suchen nach Lebenssinn. In den sich mehrenden Nachfragen nach Meditation und im Sich-hin-Tasten an die Frage nach Gotteserfahrung in Kursen und Begegnungen, nimmt dieses Suchen eine wahrnehmbare Gestalt an. Es ist die Gestalt christlicher Hoffnung und die darin enthaltene Botschaft, daß die, »die Gott von Herzen suchen, ihn auch finden werden« (Jeremia 29,13,14).

Dieser Hoffnung will die Auswahl der nachfolgenden Hoffnungsworte aus dem Alten und Neuen Testament Nahrung geben. Da uns der Alltag nur selten erlaubt, längere Meditationszeiten einzulegen, kann man mit einzelnen Schriftworten durch den Tag gehen und mit ihnen und durch sie seinen Geist auf Gott hin offen halten. Diese einfache Art, mit dem Wort Gottes zu leben, will uns zu einer Art Vertrag mit uns selbst einladen. Er soll uns helfen, einerseits dem Gar-nichts-Tun durch einen ständigen kurzen Impuls entgegenzuarbeiten; andererseits kann er dazu beitragen, unrealistische Vorhaben und Vorsätze auf das Maß möglicher Verwirklichung zu bringen.

Die tägliche Übung

Schon ein einmaliges Lesen eines Schriftwortes am Morgen kann genügen, es für den ganzen Tag zu behalten, es während des Tages zu wiederholen, es anzuschauen und zu bedenken. Die Wiederholung ist ein wichtiger Lebensvorgang. Er gleicht dem Essen, dem Kauen, durch das wir uns die

Nahrung einverleiben und sie uns zunutze machen. Durch mehrfaches Wiederholen kann das Wort Gottes vom Verstand in unser Inneres fallen, vom Kopf in das Herz dringen, in »uns eingepflanzt werden und die Macht bekommen, uns zu retten« (Jakobus 1,21). »Denn nicht das Vielwissen sättigt die Seele und gibt ihr Genüge, sondern das Fühlen und Kosten der Dinge von Innen her«, belehrt uns Ignatius von Loyola.

Die kleinsten Schritte, konsequent durchgehalten, bringen uns weiter als gelegentliche große Sprünge. So kann die regelmäßige Wiederholung der Schriftworte diese so in uns vertiefen, daß das Wort Gottes Kraft und Leben in unseren Alltag bringt.

Bei »Tagen der Lebensorientierung aus dem Glauben« und bei Kursen anderer Art habe ich erfahren, daß Menschen mit Worten aus der Schrift leben, die durch Wiederholung zu ihren »Herzworten« wurden. Diese begleiteten sie lange Zeiten hindurch, besonders in Zeiten der Prüfung und Leiderfahrung. Auch Jesus muß solche Worte stets gegenwärtig gehabt haben. In seinem Sterben betete er Sätze aus den Psalmen: »Mein Gott, mein Gott, warum hast du mich verlassen!« (Psalm 22,2). Und: »Vater, in deine Hände, empfehle ich meinen Geist« (Psalm 31,6).

Auch uns kann es eine Hilfe sein, das Wort Gottes »nahe bei uns zu haben«, so daß es jederzeit aus unserem Herzen aufsteigen und uns in die Nähe Gottes führen kann. So wird es für uns »Geist und Leben«. »Einen Bibeltext so durch die Tage tragen geschieht in der Hoffnung, daß am Ende etwas dabei herauskommt, eine Art Gewißheit, ein So-und-nicht-anders-spricht-jetzt-der-Herr – nach einer Zeit des Reifens und Wartens fast ein Geburtsakt« (Kurt Marti). Und geboren wird immer: neues Leben!

Jesus sagte der Frau am Jakobsbrunnen, wer von diesem Wasser trinkt, das er gibt, in dem würde es zur Quelle werden, die weiterströme ins ewige Leben (Johannes 4,14). Dieses Wort gibt unserer kürzesten Schriftlesung – das Wiederholen eines Schriftwortes – die Hoffnung, daß es in uns zu leben anfängt und unsere Lebenskraft durchströmen wird. Denn das Wasser, von dem Jesus spricht, ist sein Wort, das eine Lebensquelle in uns werden will, wenn wir es zulassen. Ansonsten bleibt das Wort Gottes mehr oder weniger außerhalb von uns. Wir kennen es zwar, gehen meist rein verstandesmäßig mit ihm um, aber leben nicht daraus!

Der hier genannte Umgang mit dem Wort Gottes ist nur einer unter vielen anderen Weisen, mit dem Wort Gottes in eine tiefere Berührung zu kommen. So auch die Meditation von Gleichnissen, Wundergeschichten, wie wir es in einem der vorausgehenden Kapitel versucht haben.

Mit den hier ausgewählten Hoffnungsworten kann man sich einen »Schriftwortkalender« erstellen. Es werden sieben Worte ausgewählt, die einen spontan ansprechen. Darin sind wir vielleicht auch schon angesprochen und gemeint. Man kann jede Woche – vielleicht montags – mit einem der Worte beginnen und jeden Tag ein anderes – wie Kurt Marti sagt, »durch die Tage tragen …« So kann man es Woche für Woche einen ganzen Monat hindurch halten. Auch kann man eine Woche lang bei ein und demselben Wort bleiben. Bis wir dann einmal eine neue Auswahl treffen. Am besten schreibt man die Schriftworte auf ein Papier untereinander, hängt es über das Telefon, legt es griffbereit auf den Nachttisch oder in das Handschuhfach des Autos. Wenn man auf dem Weg zur Arbeit in den Stau gerät, ist Zeit, sich mit dem Wort Gottes zu stärken, den kommenden oder den vergangenen Tag betend in unsere Beziehung zu Gott zu bringen.

Hoffnungsworte
aus dem Alten Testament

DU WIRST SEIN WIE EIN WASSERREICHER GARTEN

JESAJA 58,11

DU WIRST WIE EIN BAUM SEIN,
DER AN WASSERBÄCHEN GEPFLANZT IST

PSALM 1,3

DEN GLIMMENDEN DOCHT
WIRD ER NICHT AUSLÖSCHEN
UND DAS GEKNICKTE ROHR NICHT BRECHEN

JESAJA 42,3

DIE MIT TRÄNEN SÄEN,
WERDEN MIT JUBEL ERNTEN

PSALM 126,5

WENDE DOCH, HERR, UNSER GESCHICK,
WIE DU VERSIEGTE BÄCHE WIEDER FÜLLST
IM SÜDLAND

PSALM 126,4

DU ZEIGST MIR DEN WEG DES LEBENS,
DU ERFÜLLST MICH MIT FREUDE
VOR DEINEM ANGESICHT

PSALM 16,11

ZEHNTAUSENDMAL HELLER ALS DIE SONNE,
SIND DEINE AUGEN ÜBER MIR

SIRACH 23,19

DEINE AUGEN SAHEN WIE ICH ENTSTAND.
DEINE AUGEN ACHTEN AUCH JETZT AUF MICH

VGL. PSALM 139,13-16; 1 PETRUS 3,12

DEIN WORT IST MEINEM FUSS EINE LEUCHTE,
EIN LICHT FÜR MEINE PFADE

PSALM 119,105

DEIN ANGESICHT WIRD MIT MIR GEHEN.
DU WIRST MICH FÜHREN,
BIS ICH ZUR RUHE KOMME

VGL. EXODUS 33,14

VON ALLEN SEITEN UMGIBST DU MICH
UND HÄLTST DEINE HAND ÜBER MIR

PSALM 139,5

DEINE OHREN HÖREN MEIN SCHREIEN, HERR

VGL. PSALM 94,9

DU FÜHRST MICH HERAUS
AUS DUNKEL UND FINSTERNIS,
ZERBRICHST MEINE FESSELN

VGL. PSALM 107,14

DU HAST MEIN KLAGEN IN TANZEN VERWANDELT,
HAST MIR DAS TRAUERKLEID AUSGEZOGEN UND
MICH MIT FREUDE UMGÜRTET

PSALM 30,12

ICH HOFFE AUF DEN HERRN,
ES HOFFT MEINE SEELE,
ICH WARTE VOLL VERTRAUEN
AUF SEIN WORT

PSALM 130,5

DU WIRST MICH HINAUSFÜHREN INS LICHT;
ICH WERDE ERLEBEN, DASS DU MICH RETTEST

VGL. MICHA 7,9

DU STILLST MEIN VERLANGEN,
DU LEITEST MICH AUF RECHTEN PFADEN,
TREU DEINEM NAMEN

VGL. PSALM 23,3

WIE EINE MUTTER IHR KIND TRÖSTET,
SO TRÖSTEST DU MICH;
UND ICH WERDE AUFBLÜHEN WIE FRISCHES GRAS

VGL. JESAJA 66,13-14

BEI GOTT ALLEIN
KOMMT MEINE SEELE ZUR RUHE,
DENN VON IHM KOMMT MIR HOFFNUNG

VGL. PSALM 62,6

DER HERR FÜHRT MICH ZU WASSERQUELLEN
UND SCHENKT MIR ERQUICKUNG

VGL. PSALM 23,2-3

MUSS ICH AUCH DURCH DIE FINSTERE SCHLUCHT,
ICH FÜRCHTE KEIN UNHEIL,
DENN DU BIST BEI MIR

PSALM 23,4

DER HERR IST MEIN WÄCHTER.
DAMIT MIR NIEMAND SCHADET,
BEWACHT ER MICH BEI TAG UND NACHT

VGL. JESAJA 27,3

WIE DEINEN AUGAPFEL BEHÜTEST DU MICH;
DU BIRGST MICH IM SCHATTEN DEINER FLÜGEL

VGL. DEUTERONOMIUM 32,10; PSALM 91,4

ICH HOFFTE AUF DEN HERRN.
DA NEIGTE ER SICH MIR ZU
UND HÖRTE AUF MEIN RUFEN

PSALM 40,2

HERR, DU BIST GÜTIG UND BEREIT
ZU VERZEIHEN, ALLEN, DIE ZU DIR RUFEN

VGL. PSALM 86,5

DU BIST ES,
DER MIR ALLE MEINE SCHULD VERGIBT
UND ALLE MEINE GEBRECHEN HEILT

VGL. PSALM 103,3

WÄREN MEINE SÜNDEN ROT WIE SCHARLACH,
DU MACHST SIE WEISS WIE SCHNEE

VGL. JESAJA 1,18

DEINE GÜTE
REICHT SO WEIT DER HIMMEL IST,
DEINE TREUE SO WEIT DIE WOLKEN ZIEHEN

PSALM 57,11

Hoffnungsworte
aus dem Neuen Testament

WER AN MICH GLAUBT,
DER HAT DAS EWIGE LEBEN

JOHANNES 6,47

ICH BIN DIE AUFERSTEHUNG UND DAS LEBEN;
WER AN MICH GLAUBT, WIRD LEBEN,
AUCH WENN ER STIRBT

JOHANNES 11,25

WER VON DEM WASSER TRINKT,
DAS ICH IHM GEBEN WERDE,
DER WIRD NICHT MEHR DÜRSTEN

JOHANNES 4,14

SEID GEWISS, ICH BIN BEI EUCH
BIS ZUR VOLLENDUNG DER WELT

MATTHÄUS 28,20

FÜRCHTET EUCH NICHT

MATTHÄUS 28,10

ALLES, WORUM IHR IM GEBET BITTET,
WERDET IHR ERHALTEN, WENN IHR GLAUBT

MATTHÄUS 21,22

BITTET, UND IHR WERDET EMPFANGEN;
KLOPFET AN, UND ES WIRD EUCH AUFGETAN

MATTHÄUS 7,7

WER BITTET, DER ERHÄLT;
WER SUCHT, DER FINDET

MATTHÄUS 7,8

ICH BIN DAS LICHT DER WELT.
WER MIR NACHFOLGT,
WIRD NICHT IN DER FINSTERNIS GEHEN,
SONDERN WIRD DAS LICHT DES LEBENS HABEN

JOHANNES 8,12

WO ZWEI ODER DREI IN MEINEM NAMEN VERSAM-
MELT SIND, DA BIN ICH MITTEN UNTER IHNEN

MATTHÄUS 18,20

WAS IHR EINEM DER GERINGSTEN GETAN HABT,
DAS HABT IHR MIR GETAN

MATTHÄUS 25,40

WER MEIN FLEISCH IßT UND MEIN BLUT TRINKT,
DER BLEIBT IN MIR UND ICH BLEIBE IN IHM

JOHANNES 6,56

KOMMT ALLE ZU MIR, DIE IHR EUCH PLAGT
UND SCHWERE LASTEN ZU TRAGEN HABT.
ICH WERDE EUCH RUHE VERSCHAFFEN

MATTHÄUS 11,28

NEHMT MEIN JOCH AUF EUCH UND
LERNT VON MIR ... MEIN JOCH DRÜCKT NICHT
UND MEINE LAST IST LEICHT

MATTHÄUS 11,29-30

IM HAUSE MEINES VATERS GIBT ES VIELE
WOHNUNGEN ... ICH GEHE, UM EINEN PLATZ
FÜR EUCH VORZUBEREITEN

JOHANNES 14,2

SEINE VERHEIßUNG FÜR UNS IST DAS EWIGE LEBEN

1 JOHANNES 2,25

DEIN VATER, DER INS VERBORGENE SIEHT,
WIRD DIR VERGELTEN

MATTHÄUS 6,3-4

JESUS SAGT: WENN JEMAND MICH LIEBT,
WIRD ER AN MEINEM WORT FESTHALTEN.
MEIN VATER WIRD IHN LIEBEN UND
WIR WERDEN KOMMEN UND BEI IHM WOHNEN

JOHANNES 14,23

GOTTES VERHEISSUNG GEMÄSS
ERWARTEN WIR EINEN NEUEN HIMMEL
UND EINE NEUE ERDE,
IN DENEN DIE GERECHTIGKEIT WOHNT

2 PETRUS 3,13

ICH BIN ÜBERZEUGT, DASS DAS LEIDEN
IN DIESER ZEIT NICHTS BEDEUTET IM VERGLEICH
ZU DER HERRLICHKEIT,
DIE AN UNS OFFENBAR WERDEN SOLL

RÖMER 8,18

WIR WISSEN, DASS GOTT DENEN, DIE IHN LIEBEN,
ALLES ZUM GUTEN FÜHRT

RÖMER 8,28

SEID FRÖHLICH IN DER HOFFNUNG,
GEDULDIG IN DER BEDRÄNGNIS,
BEHARRLICH IM GEBET

RÖMER 12,12

WIR ERWARTEN DIE SELIGE ERFÜLLUNG
UNSERER HOFFNUNG,
DAS ERSCHEINEN DER HERRLICHKEIT
UNSERES GROSSEN GOTTES UND RETTERS
CHRISTUS JESUS

TITUS 2,13

SEID STETS BEREIT,
JEDEM REDE UND ANTWORT ZU STEHEN,
DER NACH EURER HOFFNUNG FRAGT,
DIE EUCH ERFÜLLT

1 PETRUS 3,15

FREUT EUCH UND JUBELT;
EUER LOHN WIRD GROSS SEIN

MATTHÄUS 5,12

WOHL DENEN, DIE UM DER GERECHTIGKEIT
WILLEN VERFOLGT WERDEN;
DENN IHNEN GEHÖRT DAS HIMMELREICH

MATTHÄUS 5,10

WOHL DENEN, DIE TRAUERN,
SIE WERDEN GETRÖSTET WERDEN

MATTHÄUS 5,4

WOHL DENEN DIE KEINE GEWALT ANWENDEN,
DENN SIE WERDEN DAS LAND ERBEN

MATTHÄUS 5,5

WOHL DENEN, DIE BARMHERZIG SIND, DENN SIE
WERDEN ERBARMEN FINDEN

MATTHÄUS 5,7

ICH VERMAG ALLES IN DEM, DER MICH STÄRKT

PHILIPPER 4,13

FRIEDEN HINTERLASSE ICH EUCH, MEINEN FRIE-
DEN GEBE ICH EUCH

JOHANNES 14,27

ICH HABE EUCH FREUNDE GENANNT, WEIL ICH
EUCH ALLES GEOFFENBART HABE, WAS ICH VON
MEINEM VATER GEHÖRT HABE

JOHANNES 15,15

Statt eines Nachwortes

ICH HALTE EIN SAMENKORN IN DER HAND.
MEIN EINZIGES KORN.

SIE SAGEN,
ICH SOLL DAS KORN IN DIE ERDE LEGEN.
ICH MUSS MEIN KORN SCHÜTZEN,
MEIN EINZIGES KORN.
ICH HABE NIE ERLEBT, DASS ES FRÜHLING GIBT.

SIE SAGEN,
ES WÄCHST NEUES LEBEN AUS DEM KORN.
ICH VERLIERE MEIN KORN,
MEIN EINZIGES KORN.
ICH HABE NIE ERLEBT, DASS ES FRÜHLING GIBT.

SIE SAGEN,
ICH MUSS MEIN KORN RISKIEREN,
MEIN EINZIGES KORN.
ABER ICH HABE NIE FRÜHLING ERLEBT.

MEIN GELIEBTER SAGT:
ES GIBT FRÜHLING!
ICH LEGE MEIN KORN IN DIE ERDE.

Verfasser unbekannt

Verwendete und empfohlene Literatur

Kapitel 1

Eberhard Schockenhoff, Den eigenen Tod annehmen – Sterbehilfe und Sterbebegleitung aus theologischer Sicht, in: Bibel und Kirche, 47. Jahrgang, 2. Quartal 2/93, Kath. Bibelwerk Stuttgart

Pierre de Locht, Der Tod: Das letzte Schweigen Gottes, in: Concilium Heft 4/93, Grünewald Verlag, Mainz

Robert Jungk, Meine endlich erworbene Freiheit, in: Die neuen Alten, hrsg. von Jürgen Schultz, Kreuz-Verlag, Stuttgart 1985

Reinhold Schneider, in: Der Widerspruch von Josef Rast, Verlag Jakob Hegner, Köln 1959

Kapitel 2

Viktor E. Frankl, Ärztliche Seelsorge – Grundlagen der Logotherapie und Existenzanalyse, Geist und Psyche, Fischer Verlag, Frankfurt a.M. 1991

Balthasar Staehelin, Haben und Sein, Zürich 1969

Hans Küng, Ewiges Leben, R. Piper u. Co. Verlag, München/Zürich 1982

Unsere Hoffnung. Synodenbeschluß der Gemeinsamen Synode der Bistümer der Bundesrepublik Deutschland. Offizielle Gesamtausgabe, Herder Verlag, Freiburg 1976

Maria Calasanz Ziesche, Die letzte Freiheit – Hermann von Altshausen, Süddeutsche Verlagsanstalt, hrsg. von den Schwestern Unser Lieben Frau, Rheinbach b. Bonn

Ludwig Wenzler, Die Stimme in den Stimmen – Zum Wesen der Gotteserfahrung, Freiburger Akademieschriften, Bd. 3, hrsg. von der Kath. Akademie der Erzdiözese Freiburg

Kapitel 3

Theresia Hauser, Vertrauen, in: Grunderfahrungen, Kyrios Verlag, Meitingen/Freising 1979

Theresia Hauser, In der Treue reifen, in: Tag für Tag mein Leben. Wege zum ganzheitlichen Menschsein, Kösel-Verlag, München 1986

Peter Henrici, Hoffnung als Grunddimension des Menschen, in: Die Zukunft der Zukunft, hrsg. von Paulus Gordan, Butzon und Berker/Styria, Kevelaer/Graz 1984

Yves Cattin, Die Metapher Gott, in: Concilium Heft 4/93, hrsg. s. a.a.O.

Roger Mucchielli, Das nicht-direktive Beratungsgespräch, Hrsg. der deutschen Ausgabe: Wilhelm Revers und Meinrad Perrez, Otto Müller Verlag, Salzburg

Luise Rinser, Wir Heimatlosen, Fischer Verlag, Frankfurt 1992

Kapitel 4

Igor A. Caruso, Die Trennung der Liebenden, Bern/Stuttgart 1968

Wilhelm Bruners, Wie Jesus glauben lernte, Christophorus Verlag, Freiburg 1988

Kapitel 5

José Ignacio Gonzáles Faus, Das gekreuzigte Volk, in: Orientierung Nr. 20/90, hrsg. vom Institut für weltanschauliche Fragen, Zürich

Raymund Schwager, Dunkles im Gott Jesu Christi – oder der liebende Vater und der schreckenerregende Richter, in: Bibel und Kirche Heft 4/1991, Katholisches Bibelwerk, Stuttgart

Jon Sobrino, San Salvador, Strukturelle Gnade, in: Orientierung Nr. 12/1992, hrsg. s. a.a.O.

Hermann Stenger, Im Zeichen des Hirten und des Lammes, in: In Christus zum Leben befreit, Festschrift für Bernhard Häring, hrsg. von Josef Römel und Bruno Hidber, Herder Verlag, Freiburg 1992

Heinrich Spaemann, Ewige Hölle, in: Christ in der Gegenwart Nr. 40/92, Herder Verlag, Freiburg

Kapitel 6

Isabelle Chareire, Kein Tempel mehr, kein Ort für Gottes Geist, in: Concilium Heft 4/92, hrsg. s. a.a.O.

Wunder und Gleichnisse, 2. Kursteil, Das Reich Gottes in der Botschaft und Praxis Jesu; ebenso: Die johanneische Gemein-

de und ihr Christuszeugnis, beides: Katholisches Bibelwerk
Stuttgart
Jörg Zink, Überraschung im Tempel, in: Jörg Zink, Wie die
schöne Lau das Lachen lernte, Kreuz-Verlag, Stuttgart 1984
Karl Heinz Sorger, Was in der Bibel wichtig ist. Grundthemen
des Alten und Neuen Testamentes, Kösel-Verlag, München
1992

Kapitel 7

Charles Pegúy, Das Tor zum Geheimnis der Hoffnung, neu
bearbeitet von Hans Urs von Balthasar, Benziger Verlag,
Einsiedeln 1980 – Unser Zitat von Johannes Brantschen, in:
Orientierung Nr. 56 1992, hrsg. s. a.a.O.
Johannes Brantschen, Hoffnung für Zeit und Ewigkeit – Der
Traum vom wachen Christenmenschen, Herder Verlag, Frei-
burg/Basel/Wien 1992
Bernhard Welte, Das Licht des Nichts. Von der Möglichkeit
neuer religiöser Erfahrung, Patmos Verlag, Düsseldorf 1985
(Schriften der Katholischen Akademie Bayern, Bd. 93)

Kapitel 8

Theresia Hauser, Beten – Aufbruch ins Grenzenlose, in: Das
Thema Nr. 20, hrsg. von der Arbeitsgemeinschaft Frauen-
seelsorge Bayern, München 1977
Theresia Hauser, Das Gebet als Quelle meiner Orientierung,
in: Das Thema Nr. 21, hrsg. s. a.a.O. 1978

FRANZ W. NIEHL UNTER MITARB. V. GOTTHARD FUCHS (HRSG.)

DIE VIELEN GESICHTER GOTTES?

Ein Geistliches Lesebuch Bd. 1
160 Seiten. Gebunden

Durch die Texte dieses Buches werden wir in die unablässige Suche von Menschen nach Gott, quer durch Kulturen und Epochen, hineingezogen.

RÜDIGER KALDEWEY / FRANZ W. NIEHL (HRSG.)

MÖCHTEN SIE UNSTERBLICH SEIN?

Geistliches Lesebuch Bd. 2
160 Seiten. Gebunden

Mit Sterben und Tod geraten wir an die Grenze des Schweigens. Bilder und Texte dieses einfühlsamen Lesebuchs helfen, unabweisbare Fragen zu stellen und auszuhalten.

FRANZ W. NIEHL (HRSG.)

DER FREMDE AUS NAZARETH

Geistliches Lesebuch Bd. 3
168 Seiten. Gebunden

Brillante Texte aus verschiedenen Jahrhunderten zeugen von der Faszination, die Jesus Christus, jener Fremde aus Nazareth, seit 2000 Jahren auf die Menschheit ausübt.

A<small>RNOLD</small> B<small>ITTLINGER</small>

H<small>EIMWEH</small> <small>NACH DER</small> E<small>WIGKEIT</small>

Tiefenpsychologische Meditationen
zum christlichen Glauben
189 Seiten. Gebunden

»In der Tiefe unserer Seele sehnen wir uns nach Wahrheit. In der ewigen Welt gibt es kein Versteck, sondern alles ist offen und unverborgen. Danach sehnt sich unsere Seele. Sie hat Heimweh nach dem Licht und nach der Wahrheit.«

Seltsam spröde und fern erscheint heute vielen der überlieferte Glaube. Lebenserfahrung, gesellschaftlicher und religiöser Wandel erschweren den Zugang. Doch wer den Geheimnissen des Glaubens frei und inständig nachspürt, dem öffnet sich ein neues Leben. Unsere Sehnsucht nach Erfüllung, unser Heimweh nach der Ewigkeit, spiegelt sich in den uralten Bildern des Glaubens.

KÖSEL